Cuba, Haití, República Dominicana, Venezuela, Brasil, Angola, USA, El Caribe.

Estudios etno-sociológicos: Vodú, Magia, Fiestas, Barro, UNESCO

José Millet, autor-editor

Ediciones Fundación Casa del Caribe, Venezuela X. 2018

A la memoria de Fernando Ortiz Rómulo Lachatañeré Lidia Cabrera Fernando Boytel Jambú Teodoro días Fabelo

Índice

1.-1.- Cuba, Santo Domingo y Haití: bajo el signo del vodú

Ante los ojos expectantes de la muchedumbre, hace su aparición una negra vieja que danza frenéticamente y canta, mientras agita, alrededor de su cabeza, un machete. La sacerdotisa, iluminada por los relámpagos que se ciernen sobre la noche de un bosque tupido, hunde el arma en la garganta de un jabalí, al tiempo que estallan truenos alrededor de la escena. Los conjurados entonces se precipitan al suelo y beben la sangre caliente del animal sacrificado. Boukman, cimarrón de origen jamaicano, escapado de una plantación cercana a Morne Rouge que dirigía la ceremonia, invoca en la nueva y secreta lengua *créole* haitiana a un nuevo dios aguerrido que impulsaría al combate a sus seguidores:

> El buen Dios que hace el sol y que nos alumbra desde lo alto, que encrespa el mar, que hace mugir la tempestad; escuchadlo, el buen Dios está oculto en las nubes: Desde ellas nos mira y ve todo lo que hacen los blancos. Pero ese Dios que es tan bondadoso [el nuestro] nos ordena la venganza. Él va a conducir nuestros brazos y asistirnos. ¡Romped la imagen del Dios de los blancos que está sedienta de nuestras lágrimas; escuchad en nosotros mismos el llamado de la libertad! [...] (Price Mars, 1968:49)

Después de ese juramento de sangre de agosto de 1791, los esclavos de la plantación Turpin —de la colonia francesa de Saint Domingue— que se habían dado cita esa noche, inauguran una insurrección que, tras cruentas peripecias, daría al traste con el dominio colonial en esta parte de la vecina isla de La Española. Cuando se produce la ceremonia descrita, los ritos y creencias que la antecedieron habían alcanzado un nivel de cristalización tal que nos permite ubicar la forma definitiva del vodú en las décadas de la segunda mitad del siglo XVIII, justamente cuando cristaliza el pueblo haitiano. Haití, pues, "nació bajo el signo del vodú" (Coachy, 1982: 19). "Por ser [el vodú] el fundamento primordial de la vida de Haití, siempre ha desempeñado un papel decisivo en el destino del país. Siempre se ha encontrado en el centro de todas las grandes decisiones que han influido en la vida nacional. [...]".(Ibíd.: 21)

El vodú ilustra, como ninguna otra manifestación cultural del Caribe, la estrecha relación existente entre religión y conciencia nacional. Aquél cristaliza como religión a partir del enfrentamiento clasista que se produce en momento inicial partió de valores y patrones africanos que desaparecieron, se aceleraron o transmutaron en el proceso de lucha de clases, al enfrentar tanto la destrucción impuesta como sistema represivo que prefijaba religión, modelos de comportamiento, hábitos dietéticos, vivienda y sexo.

El sistema colonial desplegaba todos los mecanismos legalmente institucionalizados para lograr esterilizar los contenidos y expresiones de esa cultura en estado de formación. Así, el edicto de marzo de 1658 del denominado Código Negro, ordenaba el bautismo, la instrucción en la religión católica de todos los esclavos; al mismo tiempo que declaraba ilegal y acto punible la práctica de cualquier otra religión que no fuera la católica, apostólica y romana. Se hace más clara la tremenda carga de desafío y rebeldía de que estaba dotado el discurso de Boukman en Bois Caimán.

Según se desprende de la observación de Price-Mars referida a la descripción de la ceremonia de que es testigo Moreau de Saint-Méry a fines del XVIII, ya para esa época habían cristalizado los mecanismos litúrgicos característicos del vodú. En efecto, para ese período la primera parte de la ceremonia consistía en una interpretación hecha por el oficiante de los deseos de la divinidad simbolizada en la serpiente. A este servicio seguían danzas, cantos, desfallecimientos, excitaciones nerviosas intensas y algunas conductas violentas. En este punto, los elementos católicos en el ritual eran inexistentes.(Simpson, 1980: 236).

Para nosotros tiene mucha importancia lo apuntado. Esas nuevas sociedades mencionadas, necesariamente debían haber creado y transmitido nuevos productos en la superestructura ideológica los que, si bien en el período analizado no habían alcanzado un alto grado de elaboración, cristalizaron en valores patrones de comportamiento distintos a los que habían traído los esclavos africanos y que son el resultado de una primera confrontación o choque de culturas asimismo diferentes.

A pesar, pues, de los mecanismos represivos a que fueron sometidos, los esclavos africanos lograron romper con las falsas apariencias con que se rodearon sus creencias, eliminando de las formas exteriores en que éstas se expresan aquellos contenidos que intrínsecamente les resultaban afines. Usados clandestinamente por los revolucionarios, antes de desatar la insurrección, los ritos del vodú no sólo se afianzaron sino que se estandarizaron en esta confrontación clasista. El vodú ha alcanzado un grado

de normalización en el país pero, a partir de los 150 años siguientes, tanto las creencias como los cultos
devienen "más elaborados; los componentes católicos se incrementan y se desarrolla la diferenciación por regiones" (Simpson: 237) del vodú que tiende tanto a complicar cualquier intento por encontrar una teología de este sistema de pensamiento mágico-religioso.

La independencia de Haití implicó también un acto de liberación social. La liquidación de la población blanca determinó el que ya no se tuviese que luchar de modo directo contra la imposición de la cultura occidental y, al mismo tiempo, contra el sistema de prejuicios raciales a ella aparejada. Se cortaron asimismo los lazos con África, lo cual traería como resultado, según Roger Bastide (1967: 133-137 y 201-202):

> [...] la falta de centralización de una religión [...] estalló en múltiples sectas que, partiendo de un mismo punto, cada una ha evolucionado a su manera. De hecho, hay tantas variedades del vodú como regiones en la isla y, aun dentro de una misma región, hay variaciones sensibles de un lugar a otro.

Al suprimirse la contradicción social fundamental, el sincretismo operado por el vodú en relación con el resto de las creencias y actitudes religiosas provenientes de otras etnias, aflojó sus lazos e hizo que fuesen más vulnerables las influencias procedentes de otras religiones. También, por su parte, la esclavitud entendida como sistema deculturador, hizo su contribución en este proceso desintegrador: le permitió a la clase señorial destruir y reestructurar los contenidos y formas de la cultura de la clase dominada. Esto le permite afirmar a Bastide que la esclavitud transformó lo africano en negro, por lo que la religión "se forma como una totalidad sincrética más o menos autónoma".

También subyacen en la raíz de todo este proceso, los cambios económicos que se estaban produciendo en el país. Sobre esta base, lo africano y mestizo chocaría con el legado de la cultura francesa que habían aportado los colonizadores y, a partir de un proceso de mutuas interinfluencias, esto traerá por resultado que ya estemos en presencia de un sistema de valores y de una actitud ante la vida, en general, que ya no son africanos ni tampoco franceses. No sólo la formación de una psiquis sino de una conciencia nacional emergerá de este proceso creador y vivificante. En él cristalizaron el créole, lengua nacional haitiana, y el vodú, frente a los cuales, desde un principio, la élite dominante adopta una actitud de desprecio y hostilidad. En particular, la persecución y la represión se centró en contra del vodú, importantísimo componente de la cultura nacional [haitiana] y que constituye [según Métraux] "la religión de la mayor parte del pueblo, que le pide lo que los hombres han esperado siempre de la religión: remedios a sus males, satisfacción para sus necesidades y esperanza para sobrevivir". Este sincretismo de creencias de origen africano y católico, ya desde la etapa de la colonización, aparecía como religión oprimida, como la gran fuerza cultural de que disponían los colonos para oponerse a todo [lo] impuesto por el esclavista blanco. Clandestino y oprimido, constituyó un factor subjetivo de cohesión entre las masas de esclavos. Después de la independencia, el vodú fue prohibido y perseguido por las élites dominantes. Contrariamente al proselitismo religioso implantado por los cultos importados, nunca tuvo que luchar por extenderse, aun cuando fue atacado, justo porque "era la religión popular" (Castor, 1987: 88).

Nunca tuvo que hacerlo porque respondía a las necesidades orgánicas de la clase oprimida y, en general, de una sociedad en emergencia. No obstante, como es conocido, en la misma medida en que el vodú se instalaba en las masas y se extendía en el país, aparecía una fuerza que se le oponía y que lo condenaba, la cual lo veía con muy malos ojos y como el signo visible de su fracaso. Los miembros de la clase que detentaba el poder se sentían sumamente preocupados por el éxito de este culto disidente y se limitaban a describirlo como "una manifestación del 'diablo' que trataba de minar la obra de evangelización de la iglesia suscitando esas contraversiones maléficas de la verdadera religión cristiana". (Chesneaux, 1975: 255)

Capaz de haber unificado los diferentes grupos étnicos a los que pertenecían los africanos esclavizados llevados a Santo Domingo, el vodú se convirtió en la expresión religiosa del primer movimiento de liberación nacional victorioso de América Latina. Como ha señalado Chesneaux (Ibíd.: 271):

[...] este movimiento está unido a la lucha de los esclavos negros por la liberación de Santo Domingo a fines del siglo XVIII y principios del XIX. El vodú reconocía un complejo conjunto de divinidades entre las cuales figuraban héroes negros de la liberación de Santo Domingo tales como Toussain Louverture o Dessalines, o figuras como las del esclavo Mackandal, arrestado por los franceses y quemado en la hoguera de Santo Domingo hacia 1785 por haber predicado la inminencia de la salida de los blancos, la inminencia del regreso a África.

No obstante haber sido proscrito tempranamente, a lo largo de la historia del pueblo haitiano, el vodú ha desempeñado un papel cambiante de signo en la política de ese vecino país caribeño hasta llegar al extremo de coexistir decenas de años con una de las dictaduras más ligadas al imperialismo norteamericano:

la de la dinastía de los Duvalier (Ibíd.: 287). No faltó en esta situación, es justo reconocerlo, una dosis considerable de manipulación política por parte del Estado totalitario *macutista* y de sus instituciones represivas. El más reciente texto al que hemos tenido acceso, el libro **Afroamericano soy** de Jesús Alberto

García (1987: 25-26), del cual extraemos la cita que a continuación insertamos, atestigua que; los títeres de la dinastía Duvalier penetraron el culto vodú para lograr cierta "imposición religiosa mediante la cual los dioses y santos importados pueden ser objetos de publicidad abierta y sus sacerdotes autorizados a perseguir y difamar las deidades locales y sus seguidores".

Estos dictadores [...] lograron manipular, chantajear a los houngan, imponer "loas" [o luases] como Ti Jean Quinto (deidad de los policías).

Con la caída del último "loa" [o luá] de la represión, Baby Doc Duvalier, los houngan (duvalieristas o no) comenzaron a ser perseguidos por el oportunismo catolicista. La prensa internacional informaba que en el año 1986, "las turbas han quemado o hecho trizas a por lo menos cien sacerdotes vodú [...] ". Los "protestantes" entraron también en el oportunismo religioso, acusando a los houngan como seguidores de Duvalier y [los] Ton Ton Macutes.

Ese oportunismo se ensaña en los creyentes genuinos del vodú porque conoce sus potencialidades revolucionarias. No en balde en el proceso de movilización popular que condujo al descabezamiento de la tiranía duvalierista, muchos voduistas desempeñaron un papel destacado. En el proceso de democratización que vive Haití a partir de ese cambio, en que las calles fueron tomadas por las masas y se sucedieron huelgas "seguro estamos, que los *hungán* y las *mambós* honestos están participando para recabar dignamente su lugar en la fe de ese pueblo que, tanto el oportunismo católico-protestante y los demócratas burgueses, están utilizando abiertamente para sus intereses", como terminara por señalar el mencionado autor J. A. García **(Ibíd)**.

Ese poder excepcional que le confiere a una religión la base firmemente popular en que se asienta, en gran medida, es responsable de que constantemente se le niegue, en especial, por la clase dominante. Por reflejo, las tergiversaciones, malinterpretaciones y demás deformaciones que ésta teje en torno a tal clase de expresión religiosa, a fuerza de repetirse, alcanzan a las esferas académicas. Sólo así es explicable el largo discurso que tuvo que urdir el doctor. Price-Mars para que se reconociera al vodú como una religión en su obra **Así habló el tío**, escribiría:

> El vodú es una religión porque todos sus adeptos creen en la existencia de seres espirituales que viven en algún sitio en el universo en estrecha intimidad con los humanos cuya actividad dominan.

> [...] El vodú es una religión porque el culto dedicado a sus dioses exige un cuerpo sacerdotal jerarquizado, una sociedad de fieles, templos, altares, ceremonias y, en fin, toda una tradición oral que es cierto que no ha llegado hasta nosotros sin alteración, pero gracias a la cual se transmiten las partes esenciales de dicho culto.

> El vodú es una religión porque, a través del cúmulo de leyendas y la corrupción de fábulas, se puede entresacar

Existen numerosísimas definiciones de la palabra religión, entre ellas Maulana Karenga (1983: 160) expone la siguiente: "la religión puede ser definida como el pensamiento, la creencia y la práctica referidas a las cuestiones últimas de la vida. Entre éstas se encuentran las que conciernen a la muerte humana, la relevancia, el origen, el destino, el sufrimiento y las obligaciones con otros seres humanos y, en la mayoría de los casos, con un Supremo o Ultimo Ser". Nos parece de un valor más práctico, por lo útil, la dada por Antonio Gramsci; (1962: 277): "[...] en el concepto de religión se presuponen estos elementos constitutivos: 1) la creencia de que existen una o más divinidades personales trascendentes a las condiciones terrestres y temporales; 2) el sentimiento de los hombres de depender de estos seres superiores que gobiernan totalmente la vida del cosmos; 3) la existencia de un sistema de relaciones (culto) entre los hombres y los dioses".

Una teología, un sistema de representación gracias al cual, primitivamente, nuestros ancestros africanos se explicaban los fenómenos naturales y que yacen de modo latente en la base de las creencias anárquicas sobre las cuales reposa el catolicismo híbrido de nuestras masas populares (1968: 37-38).

Hoy podríamos cuestionar cada uno de los principales argumentos expuestos por este brillante intelectual haitiano y, aún poniéndolos en entredicho, su aseveración inicial respecto al vodú quedaría en pie. Sencillamente es que hay que cambiar el punto de vista al analizar el fenómeno que nos ocupa: no se le puede medir con el mismo rasero de las religiones institucionalizadas, en lasque sí cabría encontrar los tres aspectos exigidos por Bertrand Russell (1951: 9) a las religiones históricas, a saber:

1) una iglesia,
2) un credo y
3) un código de moral personal.

El primero de ellos implica un cuerpo sacerdotal jerárquicamente organizado y el segundo un sistema doctrinal del que carece el tipo de religión al que pertenece el vodú.

Reafirmando lo expuesto, ha escrito el norteamericano Leyburn (1946: 161): "El voduismo es una verdadera religión, en el mismo sentido que el mahometismo, el budismo o el cristianismo son verdaderas religiones. Es decir, es un conjunto de creencias y prácticas que pretenden tratar con las fuerzas espirituales del universo, e intentan mantener al individuo en armoniosa relación con ellas, en cuanto afectan a su vida [. . .] Si se define la religión con el criterio más amplio posible, tratando de diferenciarla de la vaga superstición, puede decirse que es un conjunto de creencias sobre espíritus o dioses y su naturaleza; sobre el origen del mundo, sobre el bien y el mal, sobre la relación del hombre con el universo que conoce; ella comprende un conjunto de prácticas del culto; es una tentativa para graduarse del infortunio y alcanzar el bien; trata de lo que ocurre después de la muerte, es un sistema de buscar seguridad, el solaz y la protección, frente a un supuesto sobrenatural. El voduismo es todo eso".

Con mucha lógica la investigadora Davis (1987: 58) ha afirmado que el vodú no tiene dogma ni liturgia,, no podría hablarse de un vodú ortodoxo, por la 2misma razón que surge de circunstancias locales que lo moldean constantemente y le imprimen una gran capacidad de variación. Para fundamentar sus asertos, esta autora cita las palabras del gran etnógrafo Alfred Métraux: "No hay que buscar coherencia en las creencias del vodú ya que han sido introducidas por prácticas de origen extremadamente heterogéneo".

Como exponemos en el desarrollo del presente estudio, citando las palabras de Bastien Remy, al referirnos al vodú es imprescindible tomar muy en cuenta su sólida vinculación con la vida y las necesidades más perentorias de la comunidad en la cual emerge y halla su fuente de sustentación principal. De otro modo no se vería en él otra cosa que un conjunto de "supersticiones, de danzas exóticas y de magia negra". Este es su modo primario de funcionar tanto en Haití y en República Dominicana como en Cuba. No obstante, yerra quien ve en su valor práctico un basamento para hacer afirmaciones como la siguiente:

> El vodú haitiano no es por eso una religión. Él deviene un modo de vida, desde que los haitianos acuden a él para consultarle las alternativas adecuadas que deben perseguir en vida relacionadas con el cultivo y la cosecha, el nacimiento, el matrimonio y la muerte y de todo aquello que concierne al esquema total de la existencia. El vodú es nación, música y muerte; conocimiento de los dioses, la clase correcta de sacrificio y la observación del curso correcto de la conducta. Es también un lazo instantáneo con Bon Dieu, pues este lazo ocurre durante la posesión, el venerador es capaz de recoger un conocimiento del sentido y la significación de la vida en sí misma. (Dathorne, 1984: 2-5)

En el desarrollo de algunos de los capítulos que integran el libro, volveremos sobre el tema anteriormente abordado. Ahora nos ocuparemos de bosquejar algunos aspectos de su contenido; pero antes aportaremos una información útil para comprender mejor el contexto histórico en que ha tenido asiento la presencia haitiana y la inserción del vodú en la cultura nacional del pueblo cubano.

La porción oriental de Cuba, con especial énfasis en las regiones de Santiago de Cuba, Guantánamo y Holguín, fue el escenario principal donde se radicó casi toda la inmigración provocada por la conquista de la isla vecina de La Española,
inaugurando con ello una zona de intercambio cultural cuyo alcance aún no ha sido valorado en todas sus implicaciones.

En esta área geográfica y, durante la segunda mitad del siglo XVII, desplegó esa actividad una legión de piratas y corsarios que entonces establecieron sus bases en el mar Caribe. De las costas de Santiago de Cuba, en particular, salieron numerosas expediciones de corsarios rumbo a Jamaica y a otras islas vecinas, con lo cual se desarrolló por este puerto, al igual que por el de Bayamo y el entonces Puerto Príncipe, un comercio de rescate que dejará establecidas no sólo vías de comunicación entre estos dos puntos de la isla de Cuba y las Antillas, sino un poderoso medio de relación y de cohesión cultural.

La revolución haitiana desencadena una corriente migratoria hacia Cuba que tendría como principal destino las regiones antes mencionadas y, entre ellas, las de Santiago y Guantánamo, donde la presencia francohaitiana dejaría una huella más firme, visible aún en diversos aspectos de nuestra cultura local.

Como consecuencia de este fenómeno político, a partir de 1791 y extendiéndose a los primeros años del XIX, se produce un flujo continuo hacia las costas de Cuba de plantadores francohaitianos junto a integrantes de sus antiguas dotaciones que incluían esclavos domésticos, negros y mestizos libres —en su mayor parte artesanos— y blancos de otras nacionalidades, cuyo monto ha sido calculado en, aproximadamente, 30 000 personas. Con su actividad económica, ellos desarrollarían el cultivo del café, así como el de la caña de azúcar, el añil, el cacao y el algodón; además de aportar conocimientos industriales más avanzados a los implantados anteriormente por los españoles en esta porción de la Isla.

Durante todo el siglo XIX el área de intercambio cultural abierta entre Santiago y otras zonas del Caribe se ampliaría y consolidaría al extremo de que, a lo largo de todo el período, llegó a crearse en el sureste de la Isla la conciencia de pertenecer o encontrarse inmerso en el Caribe. Hay factores históricos que contribuyeron de manera decisiva a conformar esta conciencia de caribeñidad, de pertenencia a esta unidad mayor con la cual nos sentimos identificados.

Las condiciones creadas, actuando como premisas históricas, prepararon el contexto donde tendría lugar, en las primeras tres décadas del presente siglo, la renovada trata negrera que condujo a Cuba a centenares de miles de braceros procedentes de Haití, Jamaica, Barbados, Granada, San Vicente y otros puntos de las Antillas; quienes se integrarían a la sociedad y a la cultura cubanas. Este nuevo flujo migratorio se produciría por necesidades de la economía de plantación, típica de la mayoría de los países del área desde hace más de cien años, institución de claro sello capitalista, aun cuando se basa en el trabajo esclavo en el siglo pasado y en el asalariado, en el presente. El movimiento migratorio no se interrumpiría, sino que, por el contrario, habría de mantenerse, aunque con diversas proporciones, en correspondecia con las situaciones coyunturales y los fenómenos históricos que habían incidido en el área.

El historiador y demógrafo cubano Juan Pérez de la Riva (1979:6), al referirse a las causas de la introducción de braceros antillanos de 1900 a 1931, señala claramente el factor económico como determinante cuando escribe que "desde la zafra de 1912, se planteó con urgencia el mismo problema que un siglo atrás, la necesidad —insoslayable en el marco de la plantación— de una fuerza de trabajo discriminada que una coerción extraeconómica mantuviese disponible en el momento requerido". La necesidad de mano de obra barata de las grandes compañías norteamericanas que fomentaban los colosales centrales de azúcar en las provincias orientales se vio favorecida por la política de las autoridades de los países emisores, que estimulaban la emigración. En el caso concreto de Haití, por ejemplo "los [ocupantes] norteamericanos impulsaron y animaron la salida temporal de los trabajadores agrícolas hacia los ingenios de Cuba y Santo Domingo; la medida constituía, a la vez, una fuente segura de lucro y una válvula de escape para aliviar la tensión interna de Haití". (Castor, 1983:59)

Los datos estadísticos nos ayudan a ilustrar el monto de esta inmigración y algunas de sus características. La inmigración antillana representó el 40 % de toda la inmigración que tuvo lugar en Cuba durante las tres primeras décadas del siglo XX. Jamaica y Haití, en conjunto, aportaron el 95 % de los braceros del primer tercio del siglo. De 1913 a 1930 entraron en nuestro país más de 500 000 haitianos, mientras que, de 1913 a 1921, lo hicieron 75 000 jamaicanos.

Los capítulos que integran la presente obra constituyen una primera aproximación al tema de la presencia haitiana en Cuba, el cual se inscribe en el programa de investigaciones El Caribe: estudio histórico-cultural, que lleva adelante la Casa del Caribe. La información que sirvió de base para formular nuestras afirmaciones es fruto de un trabajo de indagación que data de más de quince años. Es evidente que con la fundación de esta institución, ocurrida en junio de 1982, estos estudios recibieron un impulso considerable y, sobre todo, se empezaron a realizar mucho más orgánicamente, al contar con investigadores
profesionales que laboraron a partir de entonces en equipo. En enero de 1983 se emprendió un trabajo de micro-localización de asentamientos antillanos en

la provincia de Santiago de Cuba, lo cual se hizo conjuntamente con la Dirección
Provincial de Estudios Culturales. Se amplió ostensiblemente el universo de estudio a partir de los resultados obtenidos.

En lo que concierne al Equipo de Estudio de las Religiones de la Casa del Caribe, compuesto por cuatro especialistas, concentramos el grueso de nuestros esfuerzos en estudiar las prácticas mágico-religiosas de los haitianos y sus descendientes, para lo cual tomamos como comunidad de base la existente en La Caridad, ubicada a escasos kilómetros de Ramón de Guaninao.

La comunidad de Barrancas, distante unos treinta kilómetros aproximadamente de la ciudad de Palma Soriano, nos permitió seguir de cerca lo que hemos denominado el proceso gradual de *profanización* de dichas prácticas. Finalmente la comunidad de Pilón de Cauto nos sirvió como sistema referencial para comparar las observaciones efectuadas en las dos anteriores. La primera y la última de las tres comunidades están ubicadas en lo profundo del macizo montañoso de la Sierra Maestra —vinculadas ambas con la producción de café—, mientras que la segunda abastece de caña de azúcar al complejo agroindustrial Dos Ríos y está enclavada en una zona llana. Las tres caen en la jurisdicción del municipio de Palma Soriano.

Gran estímulo recibimos de otros compañeros que se incorporaron a nuestra indagación al calor, en gran medida, de los contactos que facilitaba el Festival de la Cultura Caribeña, en cuyo marco cada año realizamos conferencias, mesas redondas y otras actividades de índole académica. Fue así como conocimos al colega Rafael García Grasa, dedicado al estudio del *gagá* en la provincia de Camagüey, y a Manuel Santana, instructor de arte, a quien debemos un trabajo meritorio acerca del grupo haitiano del asentamiento poblacion montañoso de Dos Palmas. En los instantes que escribimos estas notas ambos compañeros no se encuentran vinculados a esta investigación, como no lo están otros que nos acompañaron en las largas caminatas de los frecuentes recorridos que hacíamos para acceder a las comunidades y en las interminables noches de jolgorio de las festividades con que los haitianos, cada año, honran a sus divinidades.

En la provincia de Camagüey y, más recientemente en la de Las Tunas, han aparecido nuevos interesados en la problemática que nos ocupa. En la Universidad de Oriente mi diplomante Arelys Díaz discutió, en julio de 1987, su tesis de licenciatura sobre un aspecto del *créole* haitiano hablado por estos inmigrantes. Precisamente con el concurso de un grupo de estudiantes de ese mismo centro de estudios superiores, hemos podido aplicar encuestas y entrevistas para caracterizar sociológicamente a cada una de estas comunidades. Algunos de sus resultados son aludidos en el presente trabajo, donde no se incluyen tablas ni gráficos en razón del objetivo de síntesis que hemos seguido en la exposición. Más recientemente, Ivonne Menéndez trabajó en la elaboración de un vocabulario acerca del vodú que parte del que insertamos al final de la presente edición, pero ampliado y enriquecido de manera notable. Cuando las condiciones lo permitan, nos alegrará verlo publicado.

Tenemos la esperanza de que la publicación de estudios como el presente provoque la aparición de otros con cuyo concurso se puedan validar las afirmaciones aquí presentadas, al permitir contrastarlas con datos obtenidos en investigaciones de campo que se lleven a cabo en otras comunidades cubano-haitianas existentes en Cuba.

Santiago de Cuba 1987 Los Teques, Guaicaipuro, Venezuela noviembre 26 2016.

1.5.- Tiembla Tierra: exposición de arte ritual afrocubano y espiritismo*

Por José Millet*

"Conocer el país, y gobernarlo conforme al conocimiento, es el único modo de librarlo de tiranía."

José Martí

"Los objetos que se muestran aquí constituyen la fenomenología más auténtica de los grandes sistemas mágico-religiosos cubanos; y a través de ellos podemos penetrar tanto en el ámbito sagrado constantemente rehaciéndose de los practicantes, llámense estos santeros, paleros, houganes o espiritistas."

Joel James

(Palabras de inauguración de la Expo Tiembla Tierra)

Doy inicio al relato cronológico y arqueo de la Exposición de arte ritual afrocubano y espiritismo "Tiembla Tierra", la más completa y abarcadora de cuantas se hayan organizado en la historia de Cuba, con la manifestación pública de respeto al sujeto colectivo que la hizo posible: al pueblo cubano, al que rindo con estas palabras el más sentido homenaje. Su poder creador, ilimitado e infinito en su diversidad y habilidad imaginativa, se ha puesto de manifiesto en todas las esferas y áreas de la vida espiritual que se resumen aquí en dos parcelas íntimamente relacionadas: la de las creencias, ideas, sentimientos y pensamiento abstracto, por un lado; y, del otro, la de las representaciones artísticas en que ese pensamiento, ideas y emociones se concretan con iluminación propia. Los nombres de sus creadores a menudo no aparecen en los catálogos por su carácter anónimo; estos hijos humildes ni siquiera son mencionados en los actos públicos ni en las notas de prensa que se producen con ocasión de las inauguraciones de eventos como el que ahora ocupa nuestra atención a fin volver a promocionarlo de modo que se entere el público que no estuvo presente en su inauguración insuperable en junio de 1998, cuando esta exhibición abrió sus telones para mostrarle a los pueblos que forman parte del Estado español y, por su mediación, a aquellos otros de la hoy la Unión Europea a la que España pertenece, la exuberancia, el derroche de imaginación y el prodigio de un arte sin fronteras ni cánones preestablecidos que causó el asombro del intelectual Alejo Carpentier cuando se asomó por vez primera a ellas, con sonrisa pícara tal vez al pensar en la ingenuidad de los artistas surrealistas europeos que conocía como pocos en Nuestra América.

En el presente recuento debo aclarar que Tiembla Tierra, por numerosas inspiraciones, virtudes y excelencias que la animaron o adornan, no fue una más de las exposiciones de "folklore" de los "pueblos primitivos" a que nos tienen acostumbrados los grandes Museos y centros de exposiciones de las antiguas metrópolis europeas, sus pariguales del Norte de América y otras instituciones apegadas a esas pautas menguadas que nos vienen de aquella sociedad colonial que sigue viviendo en muchas mentes neo colonizadas. Tiembla Tierra fue un experimento en toda la extensión y alcance del término: no fue obra de uno y otro de los dos curadores que, desde puntos de vista académicos, nos impusimos seleccionar los conjuntos de objetos como signos distintivos de los sistemas de pensamiento surgidos en este espacio único que se denominó Caribe y al que hemos dedicado buena parte de nuestras energías y tiempo de existencia. En el orden estricto del rigor profesional, lo fue en considerable medida y lo reconocieron sobradamente los medios de difusión masiva de varios países, incluso Radio Europa, que cubrieron la inauguración, según el dossier de prensa que descansa en los archivos de la Fundación Granell, donde ha permanecido la Expo hasta el presente.

El caso no consiste en destacar aquí el desempeño de los dos especialistas cubanos que fuimos los curadores junto al diestro organizador y productor gallego, en quienes descansó, finalmente, el peso más importante no sólo de la selección de las piezas, su ubicación en los espacios sagrados en que ellas descubren y transmiten su real significado, sino asimismo de las artes creadoras que dieron el "toque de gracia" a su conjunto y al   terminado a la exposición objeto del presente escrito. Basta la conciencia del alcance de lo hecho, acrecentada con que lo hicimos enfrentando un muro de incomprensiones de parte de gente que no entendió o no quiso entender, aun en el marco de nuestro marco institucional en que habíamos actuado siempre, la importancia de marcar este gol en las entrañas del Viejo Mundo para recordarle su responsabilidad en ese crimen de lessa Humanidad que fue la cacería de africanos o su secuestro con cómplices locales en sus tierras ancestrales, el traslado cruento a través del Atlántico, el sometimiento al régimen de esclavitud en las cárceles del sistema infamante de plantaciones en el Caribe y, luego, como remate, ese otro capítulo negro del capitalismo que constituyó el tráfico de mercancía humana de esos mismos hijos de la Madre África ejercido por mercaderes inescrupulosos durante siglos con la venia cómplice de las oligarquías e intereses locales. El deber cumplido marchará siempre delante de cualquier necesidad de reconocimiento o de derecho a la propiedad intelectual de la idea y del proyecto creador, reconocido plenamente en todos los documentos oficiales e impresos, como los programas de mano y, especialmente, en la edición bajo la responsabilidad de la referida Fundación Granell del libro catálogo titulado **Tiembla Tierra**. *Arte ritual afrocubano* que se imprimió y distribuyó entonces, con depósito legal S.1.22-1999 y el número de referencia internacional de publicación del libro (I.S.B.N., por sus siglas en inglés): 84-89440-10-7.

Resulta imprescindible, sí, dejar claramente establecido el "capital" que teníamos los especialistas cubanos en nuestro aval para la organización de la Expo Tiembla Tierra cuya memoria ahora reconstruyo desde Tierra Firme venezolana: primero, el hecho de haber fundado el Museo de las Religiones Populares Cubanas, idea originalmente creada y formulada por la investigadora Gladys Gonzáles Bueno, que llevamos a la práctica el también estudioso y Tata Nkisi Abelardo Larduet Luaces y mi persona, en mi condición de estudioso de los sistemas mágico religiosos cubano, en particular del espiritismo y del vodú. En tal condición y autoridad me designaron jefe del

Equipo interdisciplinario de investigación de de las religiones afrocaribeñas y del espiritismo de la Casa del Caribe, al que pertenecíamos ambos , junto con entrañables colegas, de la estatura de los finados, el pensador Joel James Figarola, el filósofo Julián Sergio Mateo Tornés, el dramaturgo Rogelio Meneses Benítez y la historiadora y arqueóloga María Nelsa Trincado Fontán, además del resto de sus miembros quienes sobrevivieron para dar fe hoy de esto que afirmo: el serrano actor Ricardo Alexis Alarcón Fajardo y el psiquiatra, Dr. Alberto Trutié Bressler, estos últimos residentes en el francés barrio santiaguero El Tivolí . Este Museo fue concebido como un espacio abierto que tratase de acercarse lo más fielmente posible al de una casa-templo típica cubana, que por tanto no fuese construido según guión de los técnicos o especialistas museográficos y que fuese puesto en manos de los practicantes de cada una de estas religiones para que lo diseñaran a su estilo y manera, colocando en cada una de sus parcelas los objetos que se avinieran mejor con su cosmovisión espiritual particular.

Y, en efecto, fruto de esta intuición genial que desde el principio compartimos dichos camaradas en nuestro equipo de estudio, pudo lograrse lo que, a menudo, deriva en algo casi imposible de concebir: que varios "cabezas de familia religiosas" se pusieran de acuerdo para apropiarse del enorme caserón ubicado en calle 13 con 10, del aristocrático barrio Vista Alegre y de las áreas conexas, ubicadas en sus laterales y enorme patio que les entregamos. No hacíamos con este acto sino justicia, como la habíamos antes antes en los barrios creadores de tradiciones del carnaval santiaguero con los famosos "Focos Culturales", que albergan las agrupaciones étnicas más antiguas del continente, como las comparsas Cararabalí Olugo y la Carabalí Izuama, así como la Tumba Francesa, declarada Patrimonio de la Humanidad por la UNESCO, gracias en gran medida a nuestra incansable labor científico-investigativa y de promoción internacional de las formas de estas culturas a través de eventos, como el Festival del Caribe y el encuentro de Tumbas Francesas, entre otros. De modo que dicho espacio expositivo pudo llevarse a vías de realización gracias al concurso de muchos espiritistas, santeros, paleros y voduistas representados por varias autoridades sacerdotales de la provincia Santiago de Cuba, encabezadas por el entrañable Tata Nkisi Vicente Portuondo Martín, quien me inició en la cultura religiosa conocida por Palo Mayombe y ese hecho iniciático ocurrió en esta tierra venezolana encima de la cual se derramó mi sangre y ahorita dejo correr estas memorias más de quince años después. Yo, surgido del seno de la gloriosa Unión de Jóvenes Comunistas a principios de los "años duros" guerrilleros de los sesenta y de las filas de la ortodoxia marxista-leninista que me enfilaba a la incredulidad más cercana al dogma de la nueva religión política, me convertí en suelo venezolano, en los países del "espacio Caribe" y más allá d él a nivel internacional en parte de una silenciosa compañía evangelizadora no cristiana, sino afrocubana en compañía de personalidades emblemáticas de nuestra cultura tradicional del pueblo cubano como el que me honro en proclamar como mi padrino y que se inscribió en el inconsciente colectivo y la memoria del pueblo santiaguero con el sobre nombre de "Vicentón", expresivo del cariño ganado con su labor desde su humilde casa-templo, continuadora de la tradición establecida por Reynerio Pérez desde su cabildo afrocubano San Benito de Palermo, personalidad religiosa que supo unificar la Regla de Ocha en el territorio oriental, introducida en él a principios del siglo XX.

La historia de la organización y realización de ese espacio sagrado que designamos con el impropio nombre de "Museo" está ligada a mi vida de manera indisoluble, como lo dejo saber en mi autobiografía "El vuelo del Colibrí", adelantada en parte en la web. Al pie de sus "altares" me eché a dormir, una vez que abandoné mi casa de vivienda al producirse mi ruptura matrimonial…pueda alguien estremecerse con la sola memoria de aquellas noches de frío y de soledad, acompañado sólo por los fundamentos reales colocados allí por mis hermanos practicantes de estas religiones. En tanto que aquella casa se convirtió en mi hogar provisional, cada espacio conquistado y la ubicación en él de los objetos que fuimos adquiriendo o fueron llevados por los creyentes, están asociados a mi memoria más íntima y al mismo tiempo espiritual. Aunque no soy cristiano en el sentido del sistema axiológico asociado a Jesús, aquella triste etapa de mi vida la observo hoy como parte de la prueba de un hombre humilde y sencillo, apegado a la ley y amoroso, como me imaginaba era mi ser. Este testimonio lo dejo para las generaciones por nacer en mi país natal y para todo aquel que visite ese lugar y escuche el vibrar del viento y el susurro de los espíritus que me acompañaron aquellos días de desgarramiento y dolor.

Pero, más allá de cualquier mérito personal que puede resumirse en la constancia y responsabilidad con que he hecho cada cosa emprendida en lo profesional y humano, destaco la creación colectiva en la que se convirtió este proyecto, que pasará a la historia de la cultura cubana como uno de los más originales y trascendentes por haber sabido articular, magistralmente, a "especialistas" (nosotros) con los creadores y portadores de estas tradiciones religiosas que están en la base de la cultura nacional e identidad de nuestro pueblo. Rompo el cerco de silencio que se ha tendido sobre mi persona por el hecho de haber decidido vivir en estas tierras que vieron nacer a mi Padre El

Libertador Simón Bolívar—, en otro país que no es sino también mi patria. Advierto que no lograrán con esta actitud reblandecer un grano de la pasión que siento por el pedazo de tierra liberada donde vi la luz de manos de la partera, negra y humilde, Josefa Noris, en Pueblo Nuevo, barrio de gente pobre y digna…Lejos de hacerle un favor a la Revolución Cubana , esos compatriotas cubanos equivocados que pretenden hundirme en el mismo ostracismo a que sometió el gobierno colonialista español al Padre Varela y a nuestro poeta nacional José María Heredia, la están dañando seriamente con su torpeza digna de émulos enterrados definitivamente por la historia. Esta es mi humilde respuesta: no lograrán doblegarme en mi resolución ajustada a derecho de ejercer la soberanía absoluta que le asiste a todo ser humano de decidir por sí mismo qué hacer con su vida. Como lo hizo en su momento Joel James con el actual Museo del Carnaval, el Museo de las Religiones es uno de los regalos que más aprecio que hemos hecho a nuestra patria, en agradecimiento a la formación de los principios de desprendimiento generoso de que ella me dotó siendo un niño y de los valores humanistas que sembró tempranamente en mi alma por los que he regido mi accionar ético, y de los que no me apartaré nunca y uno de sus hijas más ilustres fue aquella exposición Tiembla Tierra que puso en alto el nombre la de la patria y de la liberación de los poderes creadores del pueblo empujada por la Revolución Cubana que triunfó en 1959 para hacer definitivamente independiente a un pueblo y libres tanto a él como a cada uno de sus hijos, en lo individual y en lo colectivo.

En aquel Museo de las Religiones Populares, donde yo había hallado exilio involuntario, se me apareció en abril de 1996 un gallego a quien había conocido en el Centro de arte naíf "El Batey" que dirigía el pintor Berto Luis Ruano, en ocasión de la visita de una delegación de Galicia al Municipio Julio Antonio Mella con la que habíamos adelantado acuerdos relacionados con la organización de una delegación artística santiaguera que sería invitada a participar en el Festival de Música Folk que se realizaría en Santiago de Compostela, auspiciado por una asociación cultural de dueños de bares culturalmente caracterizado de la capital de Galicia a la que él pertenecía en condición de animador cultural y líder indiscutible, junto a Víctor Bello y otros inquietos compañeros. Dada mi larga experiencia al frente de la dirección de las Relaciones Internacionales de la Casa del Caribe, emití mis opiniones y pasamos de inmediato a hablar de un proyecto que él me presentó como una exposición de objetos relacionados con la cultura aborigen, en propiedad acertada en consideración de que el Oriente de la Isla existen los yacimientos arqueológicos y paisajes culturales relacionados con la herencia aborigen más importantes del país. Mi agudeza de pensamiento adquirida por estudios de la filosofía siempre me ha indicado que nada obedece a la casualidad y que de esa propuesta debía derivarse una que la incluyera y la superara en amplitud y alcance. Lo que él no había visualizado empezó a dibujarse cuando salimos de una oficina y nos desplazamos por las salas del "Museo" donde estábamos: de súbito, empezamos a percibir la conexión de tantos puntos afines que unían a las dos ciudades a las que pertenecíamos ambos, entre los que descollaban lo que luego denominé "El rostro de Santiago Apóstol en Cuba", que terminaría por ser el título de uno de los dos libros escritos en España y producidos por la Fundación Granell, con fecha 1999 en ocasión de la segunda edición de la Expo Tiembla Tierra, instalada esta vez en la Iglesia compostelana de Santo Domingo Bonaval.

Las artes visuales seguían marcando la dirección de la propuesta del intercambio cultural y sólo faltaba la conexión con el mundo sobrenatural en que estábamos parados. En aquella primera conversación participó también el pintor y grabador Israel Tamayo, quien dirigía desde entonces el Taller Cultural, la institución en cuyo marco, a mediados de los setenta, habíamos elaborado las bases teóricas—específicamente, desde el punto de vista histórico-cultural—y programáticas de la que se convertiría la institución cultural y de estudios del Caribe más importante de la República: la Casa del Caribe. El acuerdo quedó plasmado en un documento que redacté y entregué al gallego para que se lo presentara al director de nuestra institución y así lo hicimos personalmente. Fue así como empezaron a concretarse los términos de un proyecto creador que desbordaría, a la larga, el marco del convenio que se firmó con una de las dos instituciones mencionadas, hasta abarcarlas a ambas, incluir al Centro de cultura naíf El Batey y terminar por hallar la anuencia oficial del Ministerio de Cultura de la República de Cuba, a través de la oficina de su propio titular en la persona de Lucía Sardiña Ruiz.

Cuando Juanjo regresó al Festival del Caribe de ese año, habíamos madurado una propuesta y bastó visitar a mi padrino "Vicentón" en el barrio Los Hoyos para que quedara finalmente deslumbrado por la magnificencia y especialmente con lo barroco de los espacios sagrados propios de la Regla Conga y de la mundialmente famosa santería o religión lucumí a las que pertenecía aquel joven de enorme estatura. Confieso que en este primer encuentro mi padrino no alcanzó a medir la importancia de la empresa en que lo invitábamos a participar y hubo que visitarlo varias veces para incorporarlo. Fue así como ese año iniciamos visitas de familiarización a casas-templos de la ciudad de Santiago de Cuba y de sus alrededores.   Transcurriría aproximadamente un año en la elaboración del diseño de la exposición, en el que se incluirían los sistemas religiosos de base africana que abarcaríamos y la idea de los espacios sagrados en que los concretaríamos con los objetos de su parafernalia ritual que colocaríamos en ellos. Resultó de mucha importancia la visita de la señora Natalia Fernández Segarra a la Casa del Caribe, con la que firmó el contrato en su condición de Directora Ejecutiva de la Fundación Granell, que daba el oportuno respaldo legal al proyecto en curso. Una vez adoptados los acuerdos, arrancamos en agosto de 1997 con los recorridos a lo largo y ancho del país para visitar las principales sociedades de vodú, casas-templo de la Regla de Ocha y de la Regla de Palo Mayombe, templos de las variantes cubanas del espiritismo y plazas de una religión nunca incluida en este tipo de proyectos por el enorme miedo que despierta: la sociedad secreta de los ñáñigos o abakuá.

Estoy en el deber de llamar la atención acerca del hecho de que en la organización de la exposición se involucraron cientos de portadores de estas religiones y otro tipo de colaboradores que mostraron una gran comprensión en lo relativo a la importancia de promover y dar a conocer más allá de las fronteras nacionales y regionales las expresiones de sus tradiciones culturales. Su involucramiento consistió en mostrarnos sus lugares sagrados para que tomáramos notas, estimuláramos nuestra imaginación y nuestra capacidad creadora para ir conformando el mapa total de lo que queríamos construir con la exposición. Se imponía, en primer término, iniciar una experiencia que habíamos iniciado años atrás aprovechando los recorridos que hacíamos casa año en función de contactar las instituciones oficiales y, especialmente los grupos artísticos y los auténticos portadores de la cultura tradicional del pueblo cubano—en sus nichos naturales donde vivían en cada localidad-- a lo largo y ancho del archipiélago para invitarlos a participar en la edición correspondiente del Festival del Caribe que fundamos en abril de 1981 con el sugestivo nombre de "Festival de las artes escénicas de origen caribeño", luego devenido en el actualmente conocido "Fiesta del Fuego" de notoriedad internacional.

En el libro-catálogo, hemos tenido el cuidado de consignar los nombres de algunas de estas personalidades religiosas más prominentes que se integraron a este formidable proyecto: por la tradición de la cultura religiosa *Vodú*, traída a Cuba desde Haití desde fines del siglo XVIII, principios del XIX y, sobre todo, en las primeras década del siglo XX, fue invaluable la recepción dada por el *houngan* Pablo "Chuni" Milanés, su hermano "Tato" y todos los miembros de su cofradía ubicada en Pilón de Cauto, justo en el macizo montañoso de la Sierra Maestra donde nace el río más extenso del país; este noble amigo fue el enlace natural para contactar a otros sacerdotes de gran reputación, como Nicolás Cazal, líder de la comunidad La Caridad, su hijo Antolino y también a las **mambó** Elene Celestien, en Contramaestre y "Titina", cuyo **hounfort** está ubicado en las afueras de la ciudad de Las Tunas. La idea inicial era la inclusión total de las propuestas de espacios sagrados que nos sirvieran para crear modelos que fueran lo más aproximadamente fieles a los que habíamos observado en nuestras investigaciones de campo iniciadas con Julito Corbea Calzado y Alexis Alarcón en el arranque mismo de la fundación de la Casa del Caribe, en la primera mitad del año 1982. Puedo dar fe de que todos estos creadores y portadores de tradiciones religiosas haitiano-cubanas fueron visitados y tomados en cuenta, incluyendo las sociedades vuduistas de las actuales provincias de Camagüey y Ciego de Ávila y los talentosos jóvenes del Taller Negro, con sede en Palma Soriano, ciudad calificada desde tiempos inmemoriales como Haití Chiquito.

En la propia ciudad de Santiago de Cuba visitamos a Gabriel Esprais, líder de una sociedad de gagá y magnífico luthier de todo tipo de tambores, quien lamentablemente luego abortaría su colaboración a consecuencia de un accidente cerebrovascular. Siempre se pudo obtener algunos objetos y, también importantes enseñazas en torno a un tambor que constituye una rareza en el sistema organológico de la música que el sabio cubano Don Fernando Ortiz, padre de la Antropología en el Caribe, denominó "música folklórica afrocubana": el **mamá tambú**. Finalmente, este instrumento, también denominado **assotor**, el mayor de los que conforman la batería **vodú,** sería construido por Venancio, el sacerdote que mejor conocimiento tenía de las implicaciones religiosas de tales objetos, que lo son en lo que a materia se refiere, pero asimismo entidades espirituales en sí mismas que se veneran y honran permanentemente. El resto de los tambores que integran las baterías de las variantes del **vodú** tanto **radá** como **petró** fueron construidas por las manos de estos distinguidos sacerdotes que son las figuras más representativas de la cultura ewe-fon y criollo haitiano-caribeña en nuestro país. Otros objetos, como el **bishé** o aventador de granos con las cartas usadas en los actos de adivinación, son auténticas piezas donadas por estos hermanos haitianos.

La tradición religiosa de origen yoruba pervive en la Isla con rasgos tan marcadamente africanos que asombran a los propios nigerianos, como lo pudo comprobar el sabio doctor Wande Abimbola en su visita a Cuba, luego de una disputa pública sostenida entre ambos durante la realización del evento "Culto a los ancestros en el Caribe" organizado en el recinto de Río Piedras de San

Juan por la Universidad de Puerto Rico; en el marco de esta religiosa, en lo que respecta a la Regla de Ocha más específicamente, prestó su colaboración el *orihaté* Héctor Moré, fallecido en su natal Villa Clara mientras llevábamos adelante la iniciativa y fue continuada por otros babalorishas de las ciudades Regla, Guanabacoa, Cienfuegos, Camagüey y del Oriente del archipiélago cubano, donde fue decisiva la participación de algunos **babalawos** encabezados por Juan "Guancho" Portuondo Marténs, con quien me inicié en Ifá y luego en los secretos del tambor sagrado *añá*, según puede leerse en el sitio de la web_________. Decidimos unificar este espacio Ocha-Ifá colocando los objetos seleccionados en una sola sala, en la que sobresalen el conjunto de los tambores conocidos con el nombre de *batá*, adquiridos de uno de los constructores de los tambores sagrados más prominentes del país: Milián Galí Riverí, cuyo nombre aparece junto al nuestro en el portal de la web www.afrocubaweb.com, que regenta en los USA nuestro amigo Chester. A ellos se suman otros objetos construidos por **babalorishas** de las emblemáticas ciudades de Regla y Guanabacoa, como el pilón y el lebrillo, así como el receptáculo metálico donde viven los *orishas* que integran los santos guerreros.

Cuando adelantamos el trabajo en la búsqueda de una visión integradora de las variantes del espiritismo en Cuba, nos encontramos en el camino con prodigiosos representantes del espiritismo de cordón, especialmente en la ciudad de Holguín donde alumbra con luz propia Rusbel Echavarría, cuya casa-templo resulta una gran inspiración para seguir conformando el mapa de las tradiciones religiosas de nuestro pueblo. Gran estímulo en nuestra empresa cultural la recibimos de una gran amiga, mujer digna de la patria a quien le dedicamos el libro-catálogo de la exposición: Eva Fernández, quien nos aportó esa energía que enerva al estudioso y eleva el espíritu del creador cuando se avanza en un camino tan poco transitado en nuestras sociedades neocoloniales a las que se les educó en que en estas religiones no había pensamiento abstracto, alto sentido de la estética y valores que enaltecen el gentilicio nacional cubano y el de los pueblos caribeños. Lamento recordar que esta entrañable hermana espiritista se vio impedida de hacer los aportes que deseaba por una repentina enfermedad que la llevó a la tumba. Al lado del de mi madre, el espíritu de luz de Eva nos guió en la contienda y nos hizo avanzar en campos en los que realmente nunca habíamos incursionado durante los tres lustros de batallar en el estudio y la promoción de la cultura tradicional popular habíamos llevado adelante desde la Casa del Caribe.

Vicente Portuondo Martín, "El Vicentón", jovial, llano, sabio y humilde, dejó su huella que lo trascenderá desde muchos puntos de vista en todo lo que concierne a proyectos nacidos en la Casa del Caribe, como el del Museo de las Religiones Populares cubanas, la consistencia de nuestro equipo de estudio y especialmente en la promoción de nuestras tradiciones religiosas de origen africano en el contexto nacional cubano, caribeño y en el horizonte que concierne a lo internacional. Dada la relación de amistad y de camaradería a toda prueba que se estableció entre él y yo, hasta el mismo instante de su fallecimiento, soy el testimonio viviente más elocuente de su paso por tantos países que visitamos juntos, en ocasiones, durante largas temporadas en las que me tocó comprobar su fuerte sentido del arraigo a su barrio expresada en su nostalgia y él fue el responsable de que se establecieran vínculos, en la dirección religiosa apuntada, entre la antigua capital del Oriente de Cuba y Santiago de Compostela. Veré cómo saco tiempo de mi cabalgante trabajo en Venezuela para escribir acerca de este importante asunto que forma parte de las relaciones culturales "informales" que no aparecen en reportes oficiales de los funcionarios, como lo estoy haciendo en relación con este país donde ahorita resido. Esta exposición Tiembla Tierra se le debe mucho a su iniciativa, poder de convocatoria y factor de unidad entre personalidades del mundo religioso que a menudo se presenta en pugna y luchan encarnizadamente por sus territorios originarios donde han nacido y se sienten "reyes", en el sentido africano. La familia sanguínea suya y sobre todo mis hermanos de la casa-templo de Vicentón pueden dar cuenta de ello, como yo de su incalculable creatividad y rapidez con que llevaba a término muchos de los proyectos a que nos enfrentamos.

La gran sorpresa nos la entregó Vicentón con el despliegue de su creatividad en la elaboración artesanal de numerosos objetos rituales, la mayoría de los que componen el espacio sagrado dedicado al Espiritismo cruzado y al Muerterismo, del cual él era uno de los representantes más conspicuos en Cuba, según he documentado en las entrevistas que le hiciera y en algunas de mis obras publicadas en Cuba, México y en España. Ante este hecho, no puedo hablar de revelación porque conocía su sentido de la belleza, puesto de manifiesto en innumerables hechos del ejercicio cotidiano de su vida religiosa realizados en mi presencia, como la frecuente construcción de tronos de celebración, el trazado de las firmas rituales propias de la Regla Conga y ¡cuántos más que no tenemos espacio aquí de mencionar¡ Pero lo que debo subrayar es el descubrimiento de un constructor genuino de un arte que había descubierto en Puerto Rico gracias a Don Ricardo Alegría en su proyecto monumental del Museo de las Américas en el que me involucró en lo que a arte ritual se refiere: el del artesano de los "santos de madera" que en mi querido Borinquen recibe el nombre de *santería*. Es un arte extinguido en nuestro país de origen, donde historiadores de ayer y de hoy no le han dado la misma atención, al resaltar el arte sacro de las "religiones universales" y, en especial de la que aparece en varios sitios como "religión oficial"—por supuesto, la católica--, presuntamente por ser ésta la mayoritaria en el país, en lo cual, como uno de los reputados estudiosos del espiritismo, no me cabe otra alternativa de sonreír ante tamaño dislate, digno de ser incorporado a los record del libro Guiness o en la "Enciclopedia de la Ignorancia" que mencionaba nuestro cáustico profesor Ricardo Repilado Parreño en sus frecuentes y furibundas críticas hechas en los salones de clases de la Universidad de Oriente donde fui su alumno cuando estudiábamos la carrera de Filología, o en las reuniones de claustro de la Facultad de Humanidades que compartíamos, siendo yo un joven Instructor no graduado de Filosofía y en otros sitios públicos de mi pequeña patria adoptiva Santiago de Cuba donde nos reuníamos los intelectuales.

Los recorridos iniciales nos condujeron al poblado El Cobre que arropa las minas a cielo abierto más antiguas del continente y la sede del santuario nacional a la santísima Virgen de La Caridad del mismo nombre, patrona de todos los cubanos, sean los que habitan la Mayor de las Antillas o los sitios inimaginables donde se han residenciado en el planeta. Una humilde vivienda acoge al Cabildo El cimarrón, liderado por el matrimonio integrado por el espiritista *muertero* Juan "Madelaine" González y su esposa Sailyn, quienes nos asistieron en una indagación de real arqueología etnohistórica que arrojó dos piezas de inapreciable importancia: un pilón ritual, elaborado con madera del árbol "piñón florido" perteneciente un palenque o asentamiento de esclavos cimarrones del siglo XIX y una tinaja de cerámica, cuya posesión también se le atribuye a estos rebeldes que fueron los primeros en recibir de las cortes españolas su redención, fruto de un largo proceso de luchas documentada amplia y sólidamente por prestigiosos investigadores, como el mencionado Joel James, la doctora Olga Portuondo Zúñiga y el historiador del poblado, Lic. Julio Corbea Calzado. En acto de absoluta justicia, en la cima del cerro El Cardelanito, se levanta el conjunto de escultura monumental dedicada al cimarrón, obra del escultor santiaguero Alberto Lescay Merencio que dialoga, desde el espacio más simbólico, con la Virgen, según hemos recordado, recientemente en Ipojuca, detenidamente en Porto das Galinhas, puerto brasileño de desembarco de esclavos, al poeta Thiago de Melo, quien tuvo a su cargo las palabras de inauguración de tan significativo monumento.

En el espacio sagrado de la Regla Muertera –Espiritismo cruzado, cercanos a ambos objetos descritos, observamos un remo, otra vasija y una campanita metálica y, para rematarlos en el altar escalonado, colocamos un conjunto de artefactos elaborados por una venerable personalidad religiosa del poblado El Cobre: Felipe Seoane. Ellos subrayan allí la ingenuidad propia de estos creadores humildes de nuestro pueblo, cuyo aire primigenio seguramente asombraría a los intrépidos artistas surrealistas, tan dados al impulso creador sin previa concertación ni sujetos a regla alguna. La máscara de enormes dimensiones que cuelga de uno de los muros materializó la interpretación personal del Doctor Juan González Ramos, de quien hablamos al trata r el tema de lo localizado en Guanabacoa.

De ***Kunanfinda,*** o ***finda adamuto***, tierra de muertos en kikongo, según mi padrino en Palo Vicente Portuondo Martén, que es la antigua provincia de Oriente, luego de pasar por el centro de la Isla, llegamos a ***Kunambunda Funbe Lambe***, que según el **Diccionario de la lengua residual conga en Cuba**, de Teodoro Díaz Fabelo, designa a La Habana. Pero que yo me atreví a aclarar en el mencionado libro-catálogo que es más abarcador, al incluir los territorios del occidente del país, en especial a la llanura que se extiende desde Matanzas a la Habana, no en sentido contrario, según mi intuición del sentido de los procesos de formación etnohistórica y de la sociología de la cultura, en razón de que allí se encuentra el nicho original del nacimiento de la Ocha cubana, en cuya entraña nace también un sentido del arraigo y un sentimiento de lo nacional. Con el debido respeto, si bien en la traducción del imaginario popular ***kundanfinda*** se traduce por "el monte", el espacio sagrado donde moran las ánimas y es el reino de los ***nfumbes***, la segunda voz-- referida por uno de los más geniales etno-lingüistas más acuciosos e inteligentes que ha nacido en mi tierra natal-- yo la traduciría jocosamente como "la academia": sitio donde se procesa la materia aportada por los cabildos afrocubanos y se la devuelve en estuche de caramelo o de chocolate para su uso, operación y difusión internacional. En palabras apegadas a la verdad, esto se traduce en el imperativo de que hay que volver a los orígenes que no están en los encumbrados recintos desde ahora se nos ofrece una visión equívoca de la verdadera pauta de arranque y la cepa genuina de la formación del etnos nacional.

Era obligada la visita al centro de la Isla, donde se encuentran tradiciones culturales de origen africano conservadas-- al amparo de los cabildos afrocubanos-- de las más antiguas del país. Fue así como visitamos varias veces, en Santa Clara, la casa-templo del ***orihaté*** Héctor Moré y, desde allí, hicimos centro de operaciones la región que tiene como centro a Cienfuegos, cerca del cual visitamos el cabildo El Cristo, que encabeza el Sr. Pablo Sevilla, quien nos atendió personalmente y nos abrió paso a otros importantes focos de irradiación religiosa que visitamos y de los cuales nos nutrimos enormemente. Así, a los efectos de las comparaciones que es necesario adelantar para darse cuenta de las variantes de cada uno de los sistemas de pensamiento mágico-religioso incluidos, visitamos en Santa Isabel de las Lajas el Cabildo congo al que perteneció el famoso músico Benito Moré y allí contemplamos, con el asombro que no puede dejar de acompañar a quien se aprecie de estudioso, el tambor sagrado ante el que se inició este genio de la música popular que tan honda huella dejó y sigue vibrante en todo el mundo.

Siguiendo el hilo de nuestras investigaciones de campo en función de la exposición, enrumbamos nuestros pasos a la tierra donde se asienta el sol, en donde nos detuvimos varias veces en la provincia de Matanzas. Siguiendo la línea del recorrido hecho en 1985 con el finado escritor y realizador cinematográfico Jorge Luis Hernández, cuando filmamos en aquellos escenarios el documental **Ocha**, fruto de la combinación del trabajo científico-investigativo de nuestro Equipo de estudio de la Casa del Caribe con el desaparecido Departamentos de Estudios Cinematográficos del Instituto de Radio y Televisión (ICRTV), visitamos allí al etnógrafo Israel Moliner Castañeda y, acto seguido, volvimos a entrar a muchas casas-templos de las ciudades Perico, Jovellanos, Cárdenas y el cabildo Santa Teresita de Jesús, donde nos recibieron varios de sus directivos, entre quienes conservo viva la cálida sonrisa y expresión de "Osvaldito". Allí descubrimos un artesano que elabora rudimentariamente los recipientes donde se guardan las piedras sagradas que representan y son los *orishas*, con las técnicas y procedimientos idénticos a como lo habían los santeros en época de la colonia (1492-1898): en *güiras.* Los colores con que ellas son recubiertas en su parte exterior corresponden al simbolismo afrocubano que sirve para identificar a cada una de estas entidades del panteón yoruba; así, por ejemplo, el color blanco corresponde a Obatalá, que mucha gente asocia a la Virgen de las Mercedes del panteón católico y con el Tiembla Tierra de la Regla Conga o Regla de Palo Mayombe.

En conversaciones sostenidas en Santiago de Cuba con el investigador Enrique Sosa, autor de la invaluable obra ***Los ñáñigos***, le había manifestado la necesidad de componer el mapa nacional de la sociedad ritual secreta abakuá, la cual percibía tenía ramificaciones en la denominada Capital Cultural del Caribe y esta aspiración se cumplió en la ciudad de Matanzas basada en la fraternal y profunda relación establecida con un joven e inquieto profesor de la Universidad de Matanzas, a quien había invitado varias veces a participar en el "Taller Internacional de Religiones afrocaribeñas" que fundé y realicé en el marco de la Fiesta del Fuego hasta que me dieron baja de la Casa del Caribe luego de solicitarle la tramitación de mi jubilación por quebrantos de salud y motivos profesionales y personales, como el haberme unido sentimentalmente a una muchacha venezolana con quien he mantenido una larga relación.

Consigno aquí el nombre de este insigne investigador matancero, como lo hice en el libro catálogo con su consentimiento: Andrés Rodríguez, quien nos abrió el camino para tener acceso a uno de los plantes o sociedades ñáñigas más antiguas y reputadas del país, cuyas *plazas mayores* o autoridades sacerdotales de rango supremo se reunieron y autorizaron la inclusión de esta cultura religiosa en nuestra muestra de arte ritual afrocubano. Muchos de los objetos rituales y vestuario originales fueron localizados y entregados por algunos de sus miembros y, la mayoría, elaborados por sus propias manos con la conciencia plena de su destino; en consecuencia, tienen este sello de autenticidad certificada por ellos, Andrés y nuestra persona, los trajes de *íremeso dialitos*, los bastones de mando y el tambor sagrado *eribó*, que, según mi padrino y cabeza de nuestro cabildo congo de los Musundis, el Tatandy Aldo Durades Román, plaza de Bongó Orí Erí Fá Fá, es extraordinariamente una rareza observarlo en una exposición con objetos auténticos de arte ritual afrocubano. Aclaramos, no obstante a que la cofradía abakuá matancera, nos permitió el acceso a sus espacios sagrados, el de Tiembla Tierra es una recreación enteramente nuestra.

La ruta hacia Kunambansa nos conduciría, finalmente, a dos de los poblados habaneros donde las tradiciones africanas han conservado mejor las pautas de su origen étnico, aun cuando también se han producido allí transculturaciones y síntesis a favor de la cubanía: Guanabacoa y Regla. Llegamos a Regla, donde sostuvimos varios encuentros con el Sr. Reynaldo Chaguaceda, un *babalosha* que nos ayudó mucho a entender cómo se conforma el *espacio sagrado* en una casa-templo, concebido y elaborado a partir de la experiencia vital de una persona vinculada a su religión e incorporándole a cada una de sus áreas los objetos que le dictan las fuerzas invisibles y su sentido de la belleza. Este médico, con su agudeza de pensamiento, ilustra cuán descaminados están quienes identifican lo africano con el color de la piel: la racista clasificación étnica por el color de la piel, conduce a identificar africano con persona negra o mulata, lo cual niega con lo sucedido con su persona y con otras muchos cubanos cuya pigmentación de la piel es "blanca", la cual no les impide ser depositarios de la gran espiritualidad y saber heredados de nuestra Madre África. En esta dirección del desmontaje de la percepción falsa de lo africano, muchas otras ideas nos lo aportó en su casa-templo el sacerdote de Ocha, y también doctor de tez blanca, Juan González Ramos, autor de muchas de las piezas que seleccionamos y ubicamos en la exposición Tiembla Tierra. Como lo testimoniamos en el texto del catálogo, fue decisiva su intervención para recuperar valiosos artefactos rituales pertenecientes a la babalosha o santera guanabacoense María Carballo, en cuyo *ituto* o complejo ceremonial funerario "no se les dio camino", expresión que debemos traducir en que no fueron destruidos. Gracias a aquella savia resolución de los *orishas* o santos, no sólo pudimos recuperarlos de donde permanecían herrumbrados a la "buena de Dios" objetos de tanta valía como el pilón y las herramientas de Shangó, el lebrillo de Agayú Solá y las mantillas de Oshún.

Pero el reconocimiento más amplio e impactante lo recibimos del pueblo de Galicia con su concurrencia y adhesión impactantes, imposible de computar numéricamente y las continuas visitas y consultas, entrevistas y programas especiales que nos hizo merecedores de considerarnos los cubanos más famosos de cuantos hubiesen pasado por ese importante destino de la Ruta Jacobea. Recibimos innumerables muestras de afecto y de aprecio de ese pueblo trabajador, marinero y agricultor, al que tanto amor le tenemos. Fue ocasión para que reverdecieran raíces profundamente instaladas en la conciencia de dos pueblos hermanados por la historia y la cultura.

Fue para nosotros un honor que todavía no alcanzo a valorar en todo su alcance que haya sido Santiago de Compostela el sitio elegido por la aparente casualidad donde se produjo este evento; de Santiago de Cuba a Compostela, amparados por el santo patrón bajo cuya advocación se llevó a cabo la conquista y colonización de América y que se convirtió en nuestras tierras en el invencible Ogún que produjo en Haití la primera Revolución triunfante del Nuevo Mundo…tal es el profundo simbolismo que se produjo sin que hubiese estado en ninguna de las agendas de los investigadores de la Casa del Caribe que nos involucramos en aquella aventura ni mucho menos en los productores de la Fundación Eugenio Granell que nos proporcionó la excepcional oportunidad de llevarla a vías de realización.

Hubo un motivo oculto en los organizadores cubanos de esta exposición que ahora estamos en condiciones de revelarlo: con ella quisimos hacer una modesta contribución al esfuerzo por reparar una injusticia largamente arrastrada desde la etapa inicial con que se inició la época moderna de la

Humanidad; esa iniquidad se expresa en la imagen de que nuestros pueblos eran incapaces de producir una visión del mundo, lo suficientemente coherente y consistente como para colocarse a la altura de las filosofías elaboradas por los pueblos que integran el mundo judeocristiano representados por la Europa Occidental. Esta tarea la había llevado con rigor y consecuencia digna del más alto elogio uno de los pensadores más originales nacidos en la Isla: Joel James Figarola.

*José Millet, escritor y etnógrafo cubano radicado en Venezuela, fundador de la Casa del Caribe (1982), en cuya representación fungió como organizador principal y uno de los dos curadores cubanos de la Exposición-perfomance de Arte ritual afrocubano "Tiembla Tierra", así como autor del texto principal, mapas, tablas y vocabularios del libro-catálogo **Tiembla Tierra. Arte ritual afrocubano** que se editó en 1998 y se reimprimió en 1999, con la responsabilidad institucional de la Fundación Eugenio Granell y bajo el patrocinio del Consorcio y Ayuntamiento de Santiago de Compostela, cuyo alcalde, Xerardo Estévez Fernández, tuvo a su cargo las palabras de introducción. El autor solicita excusas por cualquier imprecisión u omisión en que, con toda probabilidad, haya incurrido involuntariamente en la presente reseña debido a que sus papeles personales, libretas de investigación de campo y demás documentos que conforman su archivo personal permanecen retenidos en su casa ubicada en el apartamento número 7, edificio 14, calle 25 entre 4 y 6, del Reparto Pastorita Núñez, de la ciudad de Santiago de Cuba, el que espera se respeten hasta que pueda instalarse nuevamente en ella y recuperarlo.

1.8

El carnaval de Santiago de Cuba

José Millet

Al pueblo santiaguero
cuya alegría de vivir comparto
como el mejor rasgo de nuestro carácter nacional

Mamarrachos en Oriente, *diablitos* en La Habana: una expresión para sintetizar gráficamente, a partir del fenómeno festivo, dos elementos que nos remiten a los dos polos de una cultura nacional sólidamente levantada sobre un pasado donde la vida cotidiana fue el caldo de cultivo para la formación de tradiciones sin cuyo conocimiento es imposible entender al cubano de hoy. En nuestro país la historia y la formación de la espiritualidad propia han marchado siempre de la mano; entonces, es obligado referirnos a esta relación al estudiar o presentar cualquier aspecto de nuestra cultura nacional.

Por donde nace el sol en Cuba empezó todo: el descubrimiento de América por Colón, el proceso de conquista y colonización, la instauración de la Villa primada de Nuestra Asunción de Baracoa, en el extremo más oriental del caimán, y las primeras muestras de resistencia de nuestros nativos habitantes, entre quienes se destacó el cacique Hatuey, venido de Haití y quemado en la hoguera por el fuego inquisitorial del invasor español. Aquí surgió también el sentimiento de *patria chica* del criollo, por su apego a la tierra que lo vio nacer y de la cual aspiró diariamente un *humus* especial que lo alimentó hasta provocar en él la necesidad de la libertad.

[...] Nuestras fiestas de carnaval, en sentido general, son el resultado final de un proceso de transculturación que arranca en la Europa occidental del Medioevo. En definitiva, debe tomarse muy en cuenta que fueron los hijos de la España de finales de ese periodo histórico quienes establecerían aquí su cultura. Intento significar con esta afirmación algo que con cierta frecuencia se olvida: de su visión del mundo, sentimientos, ideas y patrones de comportamiento se partiría en aquel referido proceso que, en verdad, a la larga tomaría rumbos y vericuetos insospechables.

Esto lo ilustra lo que sucedió con el Corpus Christi, nombre de la celebración establecida por la Iglesia Católica para honrar la Eucaristía o comunión sacramental con que esta renueva el sacrificio propiciatorio de Cristo en el objeto de su cuerpo y de su sangre. Aquel acto se hizo de obligación pública y regular, fue declarado Día Santo, devino en un enseriamiento dramático e, incluso, fue acompañado de una procesión que se extendió por todo el mundo del Occidente cristiano. La institución oficial eclesiástica movilizó siempre todos sus recursos para eliminar el fondo ancestral de paganismo que envolvía la mentalidad del hombre marcado por el Medioevo, pero nunca se hizo efectiva total ni radicalmente esta intención o voluntad. De acuerdo con E. O. James (*Cuban Festival,*1993:67/68), la procesión del jueves después del Domingo de la Trinidad, en que se portaba la Hostia y el Santísimo Sacramento a través de las calles medievales, era seguida de príncipes, de magistrados y del clero y miembros de las Ordenes religiosas. Y en nuestra ciudad santiaguera ocurriría tiempo después un fenómeno similar, aunque matizado por elementos propios de estas latitudes tórridas, como fue la participación de los negros africanos arrancados de su tierra natal por la violencia e introducidos aquí en condición de esclavos, entre otros factores étnicos y culturales de no menor relevancia.

La procesión terminaría por imponerse como el motivo central de la celebración litúrgica y —cosa muy importante— devendría en un espectáculo que cautivaría a la gente común y encendería el imaginario colectivo. Las representaciones escénicas que acompañaban a la extensa variedad de ritos de estas celebraciones, lejos de erradicar sentimientos profundamente arraigados en el inconsciente, se convertirían en las avenidas secretas y, a su vez, en el terreno fértil donde se sembraría y fructificaría la cultura del pueblo español, que luego sería trasplantada al Nuevo Mundo. Esto implicó, como ha señalado David H. Brown (*Cuban Festivals*, 1993: 68), una inevitable secularización y un hecho parecido a una "carnavalización" del Corpus Christi. El drama litúrgico realizado en los predios del edificio eclesiástico pasó a manos de actores legos que lo realizaban en las calles y en las plazas de mercado, mientras se movía la procesión. En el ínterin, se le incorporaron episodios burlescos y cómicos de las representaciones callejeras propias de lo vernáculo.

Permítaseme una pausa para apuntar que aquí estamos ante algunas de las formas y motivos que conducirían a la creación de un tipo de teatro *sui generi* surgido en los barrios del Santiago de Cuba colonial durante la celebración carnavalesca y que perduraría hasta el siglo XX: son aquellos que están en la base del denominado *teatro de relaciones*, fuente de inspiración de las obras cumbres de la compañía profesional Cabildo Teatral Santiago. Por fortuna de Dios o no sé debido a que extraño sortilegio, todavía este sobrevive en nuestra ciudad o, al menos, sobrevive su aliento o espíritu en la voluntad de un grupito de actores que se han aferrado al teatro de relaciones como a lo más importante de sus vidas. Tal vez en sus conciencias, o en el concepto de la responsabilidad social que en ellos es manifiesta, esté la importancia de mantener lo más viva posible una tradición y una de las expresiones estéticas más auténticas y definitorias del santiaguero. Esa tradición, de profunda raíz de pueblo, hizo posible la puesta en escena de una obra, entre otras memorables, que pasó a la historia del teatro nacional como uno de sus hitos más importantes: *De cómo Santiago Apóstol puso los pies en la tierra*, con texto original de Raúl Pomares. En esta obra no solo se pone de manifiesto magistralmente la conjunción historia/cultura apuntada más arriba, sino también algunos de los rasgos del santiaguero, visibles en su forma peculiar de asumir valores fundamentales y en su singular manera de desarrollarse en la vida cotidiana.

El grupo de actores aferrados a este tipo de teatro callejero está liderado por el dramaturgo y también actor Rogelio Meneses, quien ha puesto las manos encima de las brazas para reafirmar esa línea estética en su Laboratorio Teatral Palenque, cuyos integrantes desfilan cada año frente al jurado del carnaval, acompañados en algunas ocasiones por algunos extranjeros que viajan a la ciudad para disfrutar de estas fiestas inigualables y para tomar clases de danza o de percusión. Estos, atónitos, descubren un comportamiento festivo original y la excelencia del teatro de relaciones, y terminan enrolándose en esta *troupe* [...].

Si he llamado la atención acerca del tema, es por un solo motivo: porque el carnaval es una fiesta que necesariamente implica una forma de representación teatral y, además, porque difícilmente podrá encontrarse en otro sitio de Cuba, y creo que tampoco en ningún otro de las Américas, un fenómeno teatral similar surgido del pueblo, del sujeto que creó el carnaval para entregarse a él con toda el ímpetu o impulso creador del ser humano, y de la comunidad que es capaz de edificar con su accionar permanente, sea dirigido conscientemente o inconscientemente. Porque de ambas clases de batientes debe hablarse al tratar de este singular fenómeno, no reducible a sus apariencias de mero folklor.

Parto del principio de que cada fenómeno de la cultura debe ser estudiado a partir de su historia y nuestro carnaval local no puede ser entendido si dejamos de referirnos al entramado social inicial que rigió durante mucho tiempo la vida de la colonia española que era Cuba y, en ella, la de Santiago de Cuba. Recordemos a propósito que los cabildos africanos surgieron en el marco legal establecido en la península ibérica y que desde allí fueron trasladados al Nuevo

Mundo. En la añeja ciudad de Sevilla se registra su existencia en fecha tan temprana como el Siglo XIV y, en opinión de Fernando Ortiz, "de Sevilla vinieron los cabildos y cofradías negras a las Indias, reproduciéndonos la organización metropolitana donde hubo un núcleo de africanos" (*Ensayos etnográficos*, 1984:15).

Los primeros esclavos africanos fueron introducidos en Cuba en el siglo XVI y procedían de España, donde sus ideas, costumbres y tradiciones habían recibido la influencia de la cultura eurooccidental. Siguiendo un patrón preestablecido, los esclavos de una misma nación fundaron cabildos homólogos en el poblado, la villa o la ciudad donde residían. Sus integrantes, de ambos sexos, se reunían en casas propias o alquiladas en los días festivos en que eran autorizados a tocar sus atabales y tambores, así como a cantar y a bailar. Además de estas actividades musicales y danzarias que contribuían a preservar sus tradiciones culturales, estas corporaciones prestaban auxilio o socorrían a los socios, enfermos y a sus familiares. Se trataba, pues, de asociaciones nada sencillas en cuyo interior pudieron iniciarse complejos procesos asociados a la génesis y configuración de un ser social que concluiría por devenir diferente al del peninsular, por atisbar superficialmente una de sus aristas.

Asimismo, el fondo monetario acumulado mediante el cobro de cuotas individuales aportadas por sus miembros, en ocasiones fue empleado para obtener la libertad de algún asociado cuando esta pudo ser negociada con los amos. Este hecho, al parecer desprovisto de alcance, tiene que ver tanto con su capacidad de negociación con la clase social dominante, como con la posibilidad de servir de marco legal y material para permitir el cambio de estatus social de algunos de aquellos siervos o de sus descendientes inmediatos.

Además de una estructura jerarquizada, estas asociaciones posibilitaban que se presentasen en escena algunos figurantes perfectamente identificados durante las representaciones danzarias, pantomímicas y teatrales, como el rey, la reina, el capataz, el mayordomo, los oficiales y los vasallos, cuyos nombres nos indican a las claras el remedo —pero no en pocas ocasiones la burla— de los cargos y posiciones sociales de sus correspondientes en la sociedad colonial imperante en la época. El reinado, o la corona que lo simbolizaba, era ostentado por el individuo más experimentado o reconocido. Su elección lo elevaba a un nivel por encima del detentado por el resto de los miembros del cabildo, pero su poder estaba drásticamente limitado por el régimen de esclavitud a que todos estaban sometidos. La reina estaba situada en el escalón siguiente al ocupado por el rey y su función principal consistía en asistirlo en el control del fondo de la asociación.

En sus valiosas *Crónicas de Santiago de Cuba* (1925), el historiador y escritor Don Emilio Bacardí nos legó un bello pasaje referido al entierro solemne del rey congo José Trinidad XXXV ocurrido en nuestra ciudad. El hecho ilustra elocuentemente el significado relevante en que devenía la muerte de uno de estos encumbrados personajes de los cabildos. Estos no eran solo espacios autorizados por el gobierno colonial español para la preservación de tradiciones culturales como las de índole artística, sino a su vez el espacio social donde se expresaban otros elementos tal vez de mayor importancia social, como el de las costumbres religiosas. La religión ha ocupado desde entonces y siempre un lugar principal en el seno de estas sociedades afrocubanas, en primer lugar por constituir el vínculo más directo con el mundo ancestral al que míticamente era —y es aun hoy— reducida África y por el papel altamente cohesionador que desempeñaba entre aquellos negros africanos sometidos a un régimen de bárbara opresión [...].

Fernando Ortiz, en su ensayo "Los cabildos afrocubanos" (*Los bailes y elteatro de los negros*, 1981:440/41) lo ha analizado claramente cuando escribió a propósito:

"Algunos y tal vez todos los cabildos tenían carácter religioso [...] y lo prueba el hecho de portar fetiches en sus comparsas. Estas manifestaciones religiosas se prohibieron muy pronto, al menos en la vía publica, por creerlas perjudiciales a la religión católica. Entonces los negros resolvieron el problema simplemente, adoptando como patrono algún ídolo del santoral católico que fuese afín al africano, transmitiéndole todo el poder de su fetiche, o mejor dicho, confundiéndole con aquel. Tan es así, que el fetiche llevado procesionalmente fue sustituido por el santo pintado en una bandera; símbolo este ultimo que sin duda fue tomado del ejército español, que deslumbraba el animo [...] de aquellos negros."

La decadencia de los cabildos de nación tuvo un punto de giro con la abolición de la esclavitud, ocurrida en 1886. En enero del año siguiente, el gobierno central obligó a que los cabildos se inscribieran en el registro civil según las regulaciones de la Ley de asociaciones. Finalmente, a partir de abril de 1888, el gobierno civil cuestionó el carácter tradicional de aquellos, cuestionamiento punitivo que les asestó un duro golpe al atacar el espacio de relativa libertad en que se manifestaban algunas de sus costumbres, muy arraigadas en la conciencia del grupo étnico y de la comunidad en un sentido más amplio. En otras palabras, el puño de la Iglesia daba una vuelta de tuerca más apoyándose en la legislación a la que debían ajustarse estas asociaciones o, por el contrario, desaparecer. La inscripción debía hacerse bajo la advocación de un santo católico y en la parroquia más cercana a su sede social, para ejercer un mayor control eclesiástico y, finalmente, debían comprometerse a transferir todos sus bienes a la Iglesia católica en caso de disolución.

[...] Los cabildos adoptaron las denominaciones que les impuso la oficialidad, pero el pueblo los siguió invocando con sus nombres originales. La memoria colectiva ha conservado en Santiago de Cuba los del cabildo Cocoye, el Club Juan de Góngora (reconocido cabildo de oriundez conga), la Sociedad el Tibere, el Cabildo Santa Bárbara, el Cabildo San Salvador de Orta —tras del cual se mencionaba el Cabildo Vivi—, la Sociedad Nuestra Señora del Carmen —actual Cabildo Carabalí Olugo— y la Sociedad Carabalí Izuama. Tenemos el excepcional privilegio de contar con estos dos últimos cabildos más que centenarios en nuestro carnaval, los que encabezan el desfile inaugural de estas fiestas como un modo de reconocimiento a los altos y significativos valores de que son portadores. Y en ellos, durante los últimos años, sus miembros corporativamente manifiestan los contenidos y ritos ancestrales que por largo tiempo les fue prohibido exhibir públicamente, dentro o fuera de sus locales.

Durante la colonia, estas asociaciones intervinieron activamente en los espectáculos festivos públicos. Entre estos, el Día de Reyes y las fiestas en honor del santo patrón de cada villa constituyeron espacios privilegiados para la participación de aquellos cabildos de nación. [...]

También en la memoria colectiva permanece el recuerdo de las peregrinaciones del Cabildo congo o Club Juan de Góngora por las calles santiagueras. Ha sido el historiador José María Ravelo quien me ha puesto en evidencia la estrecha conexión existente entre el comportamiento publico de los miembros de estos cabildos bajo la licencia de estas fiestas y el éxtasis religioso que era imposible reprimir entre sus miembros. Así lo ha dejado traslucir él en su libro *Medallas Antiguas* (1939:137):

"Desde el amanecer del Día de Reyes recorrían las calles con gran algazara que mezclaba las voces con los sonidos de algunos instrumentos y el ruido [...] ensordecedor de los atabales. Desfilaban en grupos bailando y cantando poseídos de alegría frenética que se exteriorizaba sin trabas ni disimulo."

Como veremos más adelante, los cabildos de nación se transformarían en comparsas, legándole al carnaval una fuerte corriente de savia amalgamada por el ritmo de los tambores africanos y ayudando a convertirlo en uno de los espacios festivos más originales y representativos de la cultura tradicional del pueblo cubano. Justamente, la riqueza de su música, sus instrumentos musicales, el contenido y la expresividad de sus cantos así como la variedad de la danza y los bailes contribuirían a que nuestro carnaval local alcanzase la condición de ser un manantial que tributo y aún tributa importantes valores a una cultura propia que no se doblegó al dominio ni a la imposición de la cultura de la clase dominante, que intentó castrarlo y hacerlo desaparecer con la arrogancia del poder. ¿Qué otro sitio si no el más alto podrían esperarle a los miembros de la Carabalí Olugo y de la Carabalí Izuama en estas fiestas de julio con que el pueblo de Santiago de Cuba, en el ejercicio libre de su actitud justiciera y con plena alegría, los reconoce como aquellos que supieron mantener una herencia que perdurará en el tiempo?

Me parece que ha valido la pena echar esta ojeada a tan relevante asunto de índole histórica y étnico-cultural, sin cuyo conocimiento difícilmente estaríamos en condiciones de entender lo que sucede en la ciudad no solo durante la realización de varios de los desfiles que roban el interés de casi toda la población, sino también lo que experimenta en su interior cada ciudadano simple, no importa el color de la piel ni su estatus social, o la mayoría de los vecinos de un barrio cuando vibran al fragor de los golpes del tambor, del sonido de la estridente corneta china y de la lucha encarnizada entre una y otra comparsa o paseo por hacerse del primer lugar en las competencias de cada año. Esa vibración, y en particular ese espíritu que se apodera del individuo y del colectivo, nos vienen del fondo de nuestra historia, son los que nos arrastran con ímpetu frenético que bordea el delirio báquico y necesitamos reconocer que ellos forman parte de una herencia que se gestó en la confluencia de las expresiones que nos vinieron de diversas latitudes del planeta, entre las que están la hispana, la africana, la francesa y la asiática, y que tiene mucho que ver con una vocación libertaria, que está en la base misma de nuestro ser nacional.

Desde fecha tan temprana como principios del siglo XVII, se ha podido documentar el paso de las procesiones por los alrededores de la catedral de Santiago de Cuba, hasta culminar con un acto solemne frente al Cabildo o Ayuntamiento de la villa. Frente a este, cada año y para la fecha de los festejos con que era honrado el santo patrón de la villa, o sea Santiago Apóstol, los reyes y reinas de los cabildos de nación recibían los correspondientes aguinaldos, luego de haber desfilado detrás del cortejo oficial. Pero este acto pautado en una fecha no era más que un hito, aunque ciertamente decisivo, de unas fiestas que arrancaban con la celebración de San Juan (junio 24), pasaban por Santa Cristina, Santa Ana (julio 26) y, con pequeños recesos, se extendían hasta San Joaquín (agosto 31). Obviamente, el día más señalado era el consagrado a honrar a Santiago, fecha que —desafiando las tempestades del accionar humano y las turbulencias del tiempo— se ha mantenido hasta el presente como la más significativa.

En el lento y profundo proceso de transculturación ocurrido en la Isla, según lo definió conceptualmente y trató de demostrarlo con toda su obra el sabio cubano Don Fernando Ortiz, en aquellas celebraciones patronales se configurarían, hasta llegar a imponerse, las agrupaciones procedentes de los cabildos de nación africana, a cuyos integrantes se les denominó*mamarrachos*. Fue tal la fuerza atronante de estas agrupaciones y su impacto en la psique y en la imaginación colectiva, que el carnaval perdió su nombre para adquirir uno definitivo: fiesta de mamarrachos o, simplemente, los mamarrachos. Aunque este es el componente distintivo o definidor del carnaval local, reflejo en sí mismo del carácter del propio santiaguero, faltaríamos a la veracidad histórica y a la objetividad si lo considerásemos como un fruto exclusivo de la herencia africana, por lo que es acertado remitirnos al factor de transculturación para explicarlo.

El brillante pensador cubano Joel James Figarola ha estudiado en uno de sus ensayos (recogido también en su libro *En las raíces del árbol*, 1993) cómo la procesión propia del catolicismo oficial que imperó en Cuba durante la colonia hizo posible la aparición de la comparsa, agrupación típica y definitoria del quehacer carnavalesco del santiaguero. Remitimos al lector a esta fuente inestimable para la comprensión de nuestro objeto de estudio y aun para diferenciarlo del carnaval habanero. No siempre, naturalmente, fue igual, pero, en términos generales, la comparsa ha conservado un núcleo esencial hasta el presente, que no niega que de este pueden haberse derivado variantes significativas, como el paseo, que tanta brillantez y plasticidad ha proporcionado a las fiestas mayores de julio, según el gusto de amplios sectores de la población.

El paseo está integrado por figurantes, bellamente vestidos, que se desplazan a ambos lados de y en el centro de la vía ejecutando coreografías deslumbrantes por su precisión, movimientos sincronizados y colorido, según una música de orquestas que la ejecutan en vivo in situ o, en los últimos años, grabada en cintas magnetofónicas. Cada una de estas impresionantes agrupaciones se hacen acompañar de lujosas carrozas, en las que también bailan jóvenes de ambos sexos y de mascaras a pie que arrancan el aplauso atronante de los espectadores por el diseño original de su vestuario y la brillantez y exuberancia de su colorido, que a veces alcanza el nivel de lo psicodélico. En ello se encuentra, entre otras, la influencia de carnavales foráneos, como el de Río de Janeiro, por ejemplo. Hay paseos que combinan muy bien lo tradicional con lo moderno, pero entre los más renombrados de la ciudad se encuentran los de La Placita; el del barrio de El Tivoli, y el de La textilera, por citar algunos ejemplos.

La comparsa ha estado conformada por grupos de personas que desfilaban, primero a continuación o al final de la procesión, tras el núcleo músico-danzario de los cabildos de nación y que luego, paulatinamente, se irían integrando a el, no a modo de coda o apéndice, sino como parte de su movimiento envolvente en su paso por el exterior de la villa. Eran figurantes, enmascarados o no, que no se contentaban con mirar desde la ventana de la casa familiar o desde algún otro predio el espectáculo —como se ha hecho siempre en La Habana hasta el día de hoy—, sino que, por el contrario, preferían incorporarse a la celebración festiva haciéndolo de la manera más activa. De ese modo, la conclusión fue que tales comparsantes terminaron por formar parte orgánica de unas agrupaciones que no las puede encontrar el visitante sino es en esta, la Ciudad Héroe de la República de Cuba por más de una razón y que, con toda justicia, debería haber sido proclamada patrimonio cultural de la humanidad por hechos de tanta relevancia universal como el carnaval, entre otras razones.

La comparsa ha descrito formas muy definidas en su evolución. Hay quienes opinan que primero fue la comparsa, definida como una agrupación musical dominada por los tambores de oriundez africana y, mucho más tarde, con la intervención de la corneta china. Conga fue un nombre introducido por los habaneros, en las primeras décadas del siglo XX, para diferenciar un fenómeno que podría haber tenido un punto de semejanza con el tipo de agrupación propia de las fiestas carnavalescas en La Habana. Siguiendo esta lógica, podríamos visualizar que entre las comparsas se destacan, sin embargo, dos tipos de agrupaciones carnavalescas cada vez más radicalmente divergentes: la primera, la conga, se centra en el elemento musical, contando como centro un conjunto de percusión afrocubana que descansa en los tambores de origen africano y que puede o no incorporar bailarines. En cambio, el segundo tipo ha ido incorporando los bailarines cada vez más con tanta profusión y peso, hasta el punto de haber servido de puente a una tercera forma expresiva del carnaval: el paseo, arriba descrito.

Si me pidiesen definir lo más característico del carnaval santiaguero diría sin vacilar ¡la conga!, que es la variante original y definitiva de la comparsa, en tanto entraña un núcleo percusivo que hace las veces de centro de un conjunto musical que se desplaza al toque acompasado de sus instrumentos por el perímetro urbano de la ciudad, arrastrando tras de sí, en un movimiento danzario impresionante, a la mayoría de la población. Ella es franca hechura nacional por la participación espontánea y libre del pueblo, en un ambiente de entrega absoluta, con la cual se siente plenamente identificado el barrio y la comunidad mayor. Eso es lo que se pone de manifiesto en la comparsa conga, cuyo epíteto nos remite inequívocamente a la herencia africana, sin un atisbo de duda, pero que refleja magistralmente en su conjunto la versatilidad del cubano en cuanto productor de arte y maestro por su capacidad de integrar conjuntos danzarios sin que medie una organización profesional en su sentido convencional. La participación colectiva de amplios sectores de la sociedad en un hecho cultural que remite a la identidad de un pueblo, pudiese ser resumido en el desplazamiento bamboleante y enloquecedor de los pies de los santiagueros por cada milímetro de su villa, al compás de una música única que se origina y expande en la conga —fenómeno que solo podría compararse, hasta cierto punto, con las escuelas de zamba del carnaval brasileño.

Este fenómeno colectivo y público, de participación activa de la gente en el hecho cultural, tanto en las fases de la preparación como de la ejecución de la fiesta, ha tenido otros correlatos —también espontáneos— en otros niveles de la colectividad. El pueblo, desde siempre, se vestía de mujer y salía a las calles a divertirse con esta transversión de género, la cual era aceptada por el "estado llano", pero no siempre por los estratos encumbrados de la clase dominante y mucho menos por el clero. La represión ejercida con saña contra las congas alcanzó momentos virulentos durante la República, llegando al punto de la suspensión del carnaval y a la destrucción de los tambores, cuando el pueblo desafiaba la autoridad del alcalde de turno y los sacaba a las calles, hechos que han sido muy bien documentados por la investigadora Nancy Pérez en su importantísimo libro en dos tomos intitulado *El carnaval santiaguero* (Editorial Oriente, 1988).

[...]En el ámbito familiar y suprafamiliar se articulaban espontáneamente segmentos más pequeños de los habitantes de un barrio para producir fenómenos de tanta espontaneidad como los descritos. Por las calles se desplazaban *comparsitas* con gente que percutía claves, latas o incluso cucharas con el mero deseo de divertirse. Pero existían también las llamadas *parrandas* o pequeños grupos de vecinos que se desplazaban por su barrio al compás de los pies o de algún ocasional instrumento musical, a la vez que cantaban y bailaban con un aliento de frescura. Debe apuntarse que algunos de los cantos han sido y son improvisados y aluden a situaciones microlocalizadas o propias de la ciudad, con elementos de crítica social, expresados abiertamente en sus cantos o con metáforas o con expresiones de doble sentido. Es lo más común que sucede hoy en nuestro carnaval cuando alguna comparsa atraviesa la urbe, cantando y bailando del modo más jocoso.

De otro modo no se puede desentrañar el sentido del sujeto actor de esta creación cultural, llamado comparsero o comparsante, heredero de los mamarrachos o de aquellos figurantes que llenaron de colorido y gracia la sociedad colonial y que se prolongaron hasta la República. Figurante que alcanza su sentido de completitud con la integración a un colectivo musico-danzante itinerante, pero que también puede lograr el nivel máximo de expresividad individualmente, con idéntica muestra de su gracia y desenfado, como *mascara a pie* o simplemente como un cubano más que disfruta sin cortapisas de una fiesta que tiene un solo actor, al mismo tiempo que un solo creador de ella: el pueblo, del cual surgió y al cual tributa generosamente lo mejor de sí con las fulguraciones de todo su ser puesto en perpetua tensión creadora. Por eso es que, situados en esta perspectiva, es permisible afirmar que el carnaval santiaguero, además de ser el más tradicional de Cuba en el orden del tiempo y de la herencia africana y nacional, pudiese ser definido como el de los mamarrachos: el de los figurantes plenos de espontaneidad, creatividad y libertad para expresar, sea colectiva o individualmente, los contenidos y las formas que han estado en la base de nuestra formación nacional tanto en el orden espiritual como histórico.

El carnaval santiaguero es una fiesta de pueblo por este motivo y por otros no menos convincentes. En primer lugar, por la vocación de participación colectiva del propio santiaguero que todo lo contagia con su alegría y espontaneidad. En segundo lugar, por el ángel musical y danzario que lleva prendado a su cintura y a todo su cuerpo, don que le ha permitido hacer de su entorno social la cuna de creaciones artísticas puestas hoy en la cima del reconocimiento mundial, como el son.

[...] Hoy el carnaval se realiza en dos arterias principales de la ciudad cabecera de la provincia: en el Paseo Martí y en la avenida de Trocha, que en el imaginario colectivo son como el resumen bullente, tropeloso y multitudinario de estas fiestas. A ambos lados de estas importantes arterias se construyen quioscos, restaurantes y otras instalaciones donde se expenden bebidas alcohólicas —entre ellas la económica y preferida cerveza a granel o de pipa— y comidas. En el interior de estos establecimientos, o en sus alrededores, suena el traganiquel con acetatos que soportan piezas de música cubana, se sitúa un aparato musical multinstrumental heredado a fines del siglo XIX de los franceses y surgido en Manzanillo: el órgano oriental, cuyos soportes son piezas de cartón perforadas con música tradicional ejecutada en vivo. El entramado rústico que se teje en aquellas arterias incluye tarimas donde agrupaciones de pequeño formato ejecutan música, todo esto para ser oído y, en primer lugar y especialmente, para bailar. En muchos otros sitios o barrios de la ciudad ocurre algo semejante, aunque en menor proporción o medida, como en el reparto Sueño, adonde acude mayoritariamente la juventud.

Con la nueva división politico-administrativa (1976), importantes y vitales poblados que ostentaban la condición de términos municipales pasaron a ser barrios de Santiago y las antiguas, originales y fuertes tradiciones festivas que atesoraban como propias desaparecieron, como lo ilustran el caso del poblado de El Cobre, sede del santuario de la famosa Virgen de La Caridad, y de El Caney, celebre por sus frutas inspiradoras de un son que, en su momento, el Trío Matamoros paseó por el mundo como signo identificativo de la cultura cubana. El carnaval, por último, se extiende a los restantes 13 municipios de la provincia santiaguera, algunos de ellos con tradiciones propias y a los que viajan los santiagueros con el mismo entusiasmo con que lo hacen centenares de miles de paisanos suyos que habitan en La Habana y para quienes estas fiestas se sitúan en el sitio supremo de la escala de su preferencia en razón de la reafirmación de su identidad más profunda. No hay para ellos, pues, ninguna otra celebración de igual o parecida naturaleza que alcance tanta importancia.

Pero hasta inicios de la República el carnaval privilegiaba el casco histórico de la ciudad, exactamente en los alrededores del Parque Céspedes y el jurado era situado en el balcón del Ayuntamiento, muy cerca de donde se sentaba el alcalde para ver el desfile. Fuera de este espacio oficial, las fiestas transcurrían en el mencionado Paseo Martí y en otros barrios sedes de las famosas comparsas de El Tivoli, el Guayabito y San Agustín. La disputa principal se centraba en dos barrios: el de Los Hoyos, liderado por Juan Gualberto Ortiz, "Checchereku", y el de El Tivoli, donde todos los vecinos seguían entusiastamente a un personaje cuyo nombre ha pasado a la memoria colectiva de Santiago: Feliciano Mesa. Divisiones internas provocaron la aparición de las dos agrupaciones más arriba mencionadas (El Guayabito y San Agustín) y, para entonces, las tres comparsas más importantes empleaban la corneta china como una de sus armas preferidas en las competencias.

Hasta la década del 20, estas fiestas transcurrieron encima de los carriles de las tradiciones heredadas de un pasado colonial y conservaron, más o menos, un sabor genuino de pueblo. Pero a partir de la década siguiente, coincidiendo con el gobierno del General Gerardo Machado, lentamente el carnaval caería en las garras de la manipulación de las grandes empresas capitalistas, como las firmas roneras y cigarreras. Alberto García Torres (Millet et al.: *Barrio, comparsa...*, 1997:219) fue el artífice de un evento denominado la Gran Semana Santiaguera en el que, según sus propias palabras, "participaban las fuerzas vivas de la ciudad, como los Club "Leones" y "Rotario", la Cámara de Comercio, los Detallistas, etc.

A partir de 1948 ellos se integraron en un comité encargado de organizar los carnavales más modernos de Santiago de Cuba, antecedidos o preparados por el evento mencionado antes. En efecto, esa Gran Semana se inició con propaganda de la cerveza Hatuey y del ron Bacardí y, según García Torres, se trataba de un concurso económico del gobierno, del municipio, de la industria, del comercio y también de una competencia del pueblo, porque no eliminó totalmente su iniciativa de producir arte y belleza en el ámbito de cuadra y de barrio, pese a que todo quiso estar regido por la competencia económica. El concurso para elegir la reina del carnaval y sus damas de compañía era ganado por quienes acumularan más etiquetas de los productos de las firmas que entraban en el juego, El premio de las comparsas, paseos y mascaras a pie lo daba la alcaldía y la construcción de las carrozas la financiaban la industria y el comercio. Estas terminarían por imponer hábitos de consumo sustitutivos de aquellos otros bienes culturales consagrados por la tradición. Ese fue el motivo del surgimiento de espacios competitivos desde el punto de vista comercial, como la Trocha, de la que, no obstante, se ha sabido apoderar gradualmente hasta convertirla en uno de sus espacios más simbólicos. Diez años después, se iniciaría un proceso de cambio social radical que trataría de revertir esta situación, pero que se vería enfrentado al deterioro y a los patrones de consumo material que gravitaron negativamente en torno a estas fiestas.

[...]

Este prodigioso fenómeno cultural, sustentado en el derroche de la imaginación, la plasticidad y el poder del arte arrollador de una comunidad, cuelga de un andamiaje sólidamente cimentado en el pasado, como puede apreciarse en algunas puntadas de lo aquí dicho. La cultura cubana es una desde su origen y en el punto cimero de su concreción, sin excluir diversidad ni multiplicidad creadora. Cuando hablo del carnaval santiaguero salta a mi lengua una palabra mágica: conga y, a continuación, esta otra: corneta china, que es, quiérase o no, el símbolo de este carnaval. Sin su inclusión o análisis no hay una interpretación correcta de la historia ni mucho menos una comprensión completa del alcance en extremo abarcador de estas fiestas. Música ¿china? Ironía de una realidad irreductible que, sin proponérselo, me recuerda que somos un ajiaco, una síntesis de elementos procedentes de todos los confines del planeta: de los nativos de estas tierras denominadas por el invasor como América; de Europa, de África, de Asia y de otros lugares no registrados u olvidados, como nos lo señaló siempre Ortiz.

En efecto, hubo en Cuba una inmigración asiática, en la segunda mitad del siglo XIX, que dejó huella profunda en más de una esfera de la vida social del pueblo cubano, sin excluir su historia y su cultura. En la primera década del XX, se instaló en Santiago de Cuba —traído desde La Habana— aquel instrumento musical, calificado por algunos como mágico y sin el cual no podría actuar ni tampoco ser entendida la comparsa conga, esencial como hemos visto, para la definición y perfil de nuestro carnaval. No hay ninguna otra fiesta colectiva en nuestro país que halla podido combinar estos dos elementos —el africano y el asiático— aparentemente tan excluyentes, como no hay tampoco cultura local ni regional, también en nuestro país, a la que se le haya añadido este otro: los componentes de la cultura "francesa", más propiamente definida como la cultura francohaitiana proveniente del cercano Haití.

A menudo se echa al olvido que la segunda lengua hablada en Cuba es el criollo haitiano, estadísticamente hablando. Detrás de ello hay una historia que avala el aserto de que la francesa sea considerada como la tercera raíz de nuestra cultura nacional. Todo ocurrió en este caso, y como casi siempre con la mayoría de otros muchos, por el Oriente del archipiélago: con la ola descomunal de inmigración forzada francesa, de principios del XIX, provocada por la insurrección victoriosa de los esclavos de la colonia francesa de Saint Domingue. Presencia cercana pero profunda que se hizo todavía más avasallante durante las tres primeras décadas de la centuria siguiente, con el casi un millón de haitianos que pasaron por las antiguas provincias de Oriente y Camagüey, en condición de cortadores de caña de azúcar y como consecuencia del boom azucarero provocado en nuestro país por la I Guerra Mundial. En el orden cultural, entre otros efectos positivos, la primera ola migratoria francohaitiana marcaría el mapa de esta parte del país con un sello especial, el cual seria rematado por la segunda ola de influencia espiritual que calo tan hondo como para que, por ejemplo, el vodú pudiese ser considerado como el ultimo sistema de pensamiento religioso del pueblo cubano, sin menoscabo de ninguno de los otros ya aceptados.

Para otro sitio de Cuba resultaría inusual lo descubierto por la investigadora cubana Elisa Tamames: el hecho de que en Santiago de Cuba ya participaban en su carnaval comparsas tahonas, de sello francohaitiano, desde el año 1800. Los "negros franceses" tocaban sus tumbas en el mismo espacio en que lo hacían los esclavos africanos de diversa procedencia étnica con sus marimbas y otros de sus instrumentos musicales, además de reportarse para esa temprana fecha la ejecución del minué, la contradanza francesa y el rigodón como manifestaciones que contribuían a proporcionar una atmósfera especial a aquellas celebraciones festivas locales. El folclorista santiaguero Ramón Martínez y Martínez fue mucho más concluyente en su afirmación de que las comparsas cabildos que desfilaban entonces para los mamarrachos de Santa Cristina, Santiago y Santa Ana "eran, al principio, de negros franceses; luego se cubanizaron; y por ultimo, por los años 1874-75, hubo cabildos de negros y blancos". Desde los primeros años del siglo XIX, en efecto, hubo cabildos que bailaban "francés" con casacas de lana, guantes de gamuza y corbatas de cuello alto, de acuerdo con la moda de la aristocracia europea. En las zonas urbanas, tanto negros como mulatos se recreaban con la contradanza, el minué, el rigodón y otros bailes de los amos "franceses", lo que evidenciaba cuán acentuado estaba un fenómeno que se había producido ya en Haití: la asimilación de ciertos elementos de la cultura europea dominante.

Justamente, en aquel periodo en la villa se hablaba tanto castellano como francés y se experimento en ella un cambio drástico no solo en las costumbres, sino también en las ideas y en la mentalidad de la época, notablemente influenciada por el espíritu innovador venido de Francia, como ha sido reconocido desde entonces. Por tanto, resulta bastante evidente que se produjesen notables cambios en el modo de llevar las fiestas, tanto en lo colectivo pero sobre todo en el ámbito de las casas familiares, como lo ha afirmado el propio Goodman en su libro testimonial *Un artista en Cuba*. No sé en que fue más decisivo ese influjo galo, si en el ámbito de las creencias religiosas que tienen que ver con el vodú, notablemente, o en el ámbito de las licencias concedidas en el comportamiento público, muy censurado por la moral de la timorata sociedad hispana que entonces ostentaba el poder ideológico en la colonia de Cuba.

En la villa resultaba notoriamente importante todo el influjo galo, de manera especial en la cultura tradicional del pueblo llano. Ello queda demostrado no solo por la preeminencia de la lengua y los modales galos, sino precisamente por el lugar y el peso de una institución inicialmente rural: las sociedades de tumba francesa, surgidas al abrigo del impetuoso desarrollo de la agricultura y de la industria cafetalera, que situarían a la mayor de las Antillas entre los primeros productores del grano del mundo. Estas tumbas luego rodearían la vida urbana hasta adquirir en ella una fuerza y un poder no reconocidos hasta hace pocas décadas por los estudios sociológicos de la cultura en nuestro país. No existe en Cuba otra ciudad donde instituciones de este tipo y estilo hayan influido más y con mayor arraigo en la sociedad y en la espiritualidad de sus habitantes que en Santiago de Cuba. La razón es de carácter histórico y se refiere a la larga duración de la presencia francesa en ella, la que ha permitido un influjo y una profundización de su cultura como en ningún otro sitio del archipiélago cubano.

Las sociedades de tumbas francesas contribuyeron a dibujar la fisonomía de la ciudad, incluso delimitando sus barrios, como en aquellos en que ellas dejaban sentir decisivamente su influjo. Así, han sido notables los barrios de El Tivoli —adonde irían a parar los celebres personajes escapados de las páginas de la novela *El reino de este mundo*, del escritor Alejo Carpentier— y de Los Hoyos, sede de la comparsa conga más famosa de la Isla, que ostenta el nombre de El Cocoye, derivado precisamente de una de esas sociedades de tumba francesa que ha recorrido con su fama y excelencia artística todo el territorio nacional, y allende el mar, en alas de la Conga del barrio de Los Hoyos, donde tuvo su sede. Algunas de aquellas tumbas fueron visitadas asiduamente por notables hijos de la ciudad quienes, en el proceso por las guerras por nuestra independencia nacional, se convertirían en personalidades políticas de las más conspicuas de nuestra historia patria, como el Mayor General Antonio Maceo y Flor Crombet, por citar solo a dos de los más nobles paladines.

Más allá de algunos rasgos concordantes, han sido estos dos barrios contrincantes, en lo relativo a la preponderancia e imposición cultural, oposición manifiesta de manera irrebatible en el despliegue de energías e iniciativas para lograr el triunfo de su comparsa o de su paseo, sea en uno o en otro caso. Por El Tívoli se introdujo la corneta china, para quedarse definitivamente en la cultura tradicional de Santiago de Cuba y del cubano. Fue en Los Hoyos donde cristalizó la conga que alberga la fuerza de las tradiciones más radicalmente enraizadas en la conciencia y en el comportamiento del cubano, incluyendo en esta aseveración la razón moral de una sociedad afincada en el suelo patrio y en el sustrato ancestral de un espíritu inclaudicable por su capacidad de resistencia ante las adversidades y, ambas, por la rebeldía y la voluntad de luchar. Igual razón las asiste, aun en su oposición y en la competencia creadora, en la verdad de su mundo interior cimentada en la belleza del arte, la mejor bandera de triunfo en cualquier combate.

Hay quienes ponen en tela de juicio la salud del carnaval santiaguero, para mí el más tradicional y fuerte de Cuba. Argumentan que la estatalización excesiva y sofocante se ha impuesto en las últimas décadas lesionando la iniciativa de los comparseros en el ámbito de su célula primaria y a algunas de sus tradiciones más notables. Hemos discutido opiniones parecidas en algunos foros locales patrocinados por la delegación provincial de la Unión Nacional de Escritores y Artistas de Cuba y le hemos concedido alguna cuota de verdad, en especial a lo concerniente a la perdida en ocasiones gratuita e injustificada de tradiciones y de valores artísticos inherentes a las mismas. Se han producido efectos negativos en las tradiciones provocados por esta clase de problemas y por otros de diversa naturaleza, uno de los más notorios es el que se inscribe en el marco material que rodea y condiciona a estas fiestas. En fin de cuentas, la cultura es un organismo vivo sometido a una dinámica que la hace cambiar o evolucionar para adaptarse a las circunstancias diversas a que la somete la sociedad. El carnaval no escapa a esta situación.

Nuestro carnaval cuenta con una estructura o anatomía muy sólida: con las agrupaciones de origen africano más antiguas del país, cuales son los Cabildos Carabalí Olugo y el Izuama, con basamento en una región de Nigeria; la Tumba francesa, con más de cien años de existencia; otras agrupaciones más que centenarias, como la Conga de Los Hoyos y otras próximas a cumplir cantidades de años equivalentes. Desde mediados de los años sesenta del siglo XX documentamos la actuación de grupos de gagá haitianos en las fiestas de julio de Santiago, lo cual podría ser algo extraño si pensamos en otras localidades urbanas del país. Pero no es este aspecto cuantitativo el que nos indica la fortaleza o debilidad de una manifestación cultural, sino el estado emocional y espiritual del sujeto colectivo que la creo y que la sostendrá en correspondencia con los factores de riesgo o con la voluntad y el empeño que pongan en juego, según se lo exijan las necesidades del momento. Es la cualidad, pues, la que debe ser tomada en cuenta cuando se desea analizar honestamente ante alguien que no conoce una cultura su estado actual y su futuro, aunque sea este inmediato.

He tenido la dicha de volver a participar recientemente en uno de los fenómenos que, en mi concepto de la cultura, podría definir mejor dicho estado. Me refiero a la invasión, al recorrido que realiza una comparsa por el perímetro urbano para medir su fuerza frente a los grupos carnavalescos de otros barrios contrincantes y para mostrarse ante su barrio y, más allá de este, ante la comunidad total de la ciudad que establecerá inmediatamente un diagnostico certero sobre su situación. Confieso que, para sorpresa mía, no solo la conga invasora demostró fehacientemente cuan crecida y fuerte esta en ella la tradición carnavalesca que no pocos cuestionan, sino que también el resto o el conjunto de las principales agrupaciones carnavalescas de Santiago también demostró tal arraigo y poderío. Y, cosa todavía más importante, he podido comprobar que el comportamiento festivo típico del santiaguero —el mismo que he estudiado en los libros y, sobre todo, en la realidad enriquecedora de su vida cotidiana, durante buena parte de mi vida— se ha mantenido incólume, a pesar, ciertamente, de múltiples circunstancias adversas que arrancaron del capitalismo y que, lamentablemente, también lo han rodeado en los últimos tiempos.

Es importante, pues, asomarse sin miedo al pozo de la conciencia o del inconsciente colectivo, donde laten y viven estas tradiciones. Yo me he atrevido a hacerlo y le he tomado el pulso y he comprobado el ritmo de sus latidos, y nada me indica la cercanía de una enfermedad ni mucho menos de una muerte repentina, como los más negativistas vaticinan. La sociedad, el pueblo, el actor principal que rige los destinos de las costumbres y los sentimientos, ha sabido retener con gran sabiduría los contenidos esenciales de un arte ancestral que se expresa en un comportamiento individual y colectivo dirigido a preservar la identidad cultural de la comunidad, sea la local o la nacional.

En otras palabras, con la continuidad del carnaval santiaguero sucede algo parecido a lo que acontece con la conciencia y con el comportamiento religioso, vinculados ambos radicalmente con ese sentido de la identidad antes referido. Pueden modificarse sus formas, los modos y medios a través de los que ellos se expresan, pero el núcleo esencial se mantiene como un centro de resistencia extrema ante el peligro, como parte inherente o consustancial de la estrategia de sobrevivencia del ser humano y de la sociedad frente a los factores que someten a prueba su ser. Quiérase, o crease o no, esto es lo que me dice el individuo en su bregar diario con la existencia y el sujeto colectivo con su tesonera lucha por ser cada vez mejor y con su voluntad de esforzarse por alcanzar estadios más elevados o, al menos, cualitativamente, superiores del vivir. Esta inquietud y esta lucha son los sintamos inequívocos de ese estado de salud al que, con satisfacción y alegría, me he referido siempre que hablo de la cultura tradicional del pueblo, no exenta de peligros, riesgos amenazantes y de retos insospechablemente poderosos frente a los cuales se tiene que bregar con buen tino y sagacidad para no perecer.

Si alguien, dudoso o agnóstico en lo relativo a nuestra realidad, me preguntase cuál es el diagnostico clínico que podría establecer yo acerca del estado espiritual del cubano, le sugeriría solo una cosa: visite el carnaval de Santiago de Cuba y sumérjase en el accionar permanente de una sola comparsa, la del barrio de Los Hoyos, y luego compruebe usted con sus propios ojos la buena salud física y mental de la que goza el cubano actual, enfrentado, no obstante, a los mayores retos de la historia.

La Habana, abril 9 de 2001

Bibliografía:

Bacardí Moreau, Emilio: *Crónicas de Santiago de Cuba*. **(Reimpresión).10 tomos. Tipografía Arroyo y Hermanos, Santiago de Cuba, 1925.**

Berenguer Cala, Jorge: *La emigración francesa en la jurisdicción de*

Cuba. Editorial Oriente, Santiago de Cuba, 1979.

Bettelheim, Judith, ed.: *Cuban Festivals. An Illustrated Anthology*. Garland Publishing, New York & London, 1993.

Goodman, Walter: *Un artista en Cuba*. Editorial Letras Cubanas, La Habana, 1986.

Guasch Valero, Eduardo: *Huellas de carnavales* (inédito).

James Figarola, Joel: Cabildo Teatral Santiago, una aproximación al carnaval. (Inédito).

Martínez y Martínez, Ramón: *Oriente folclórico*. Santiago de Cuba [S.E.] 1940.

Millet, Jose y Rafael Brea: *Grupos folclóricos de Santiago de Cuba*. Editorial Oriente, Santiago de Cuba, 1989.

--------------, Rafael Brea y Manuel Ruiz Vila: *Barrio, comparsa y carnaval santiaguero*. Editora Universitaria de la UASD, Santo Domingo, R.D., 1997.

--------------, ed. *El rostro de Santiago Apóstol en Cuba*. Fundación Eugenio Granell, Santiago de Compostela, 2000.

Orovio, Helio: *Diccionario de la música cubana. Biográfico y técnico*. Editorial Letras Cubanas, La Habana, 1981.

Ortiz, Fernando: *Ensayos etnográficos*. Editorial de Ciencias Sociales, La Habana, 1985.

----------------------: *Los bailes y el teatro de los negros en el folklore cubano*. Editorial Letras Cubanas, 1981.

Palacios E., Manuel: *La pirueta santiaguera* (inédito)

Ravelo, Juan María: *Medallas antiguas*. Editorial El Arte, Manzanillo, 1939.

------------------------: *Paginas de ayer (narraciones santiagueras)*. Editorial

El Arte, Manzanillo, 1943.

2.-1.-2 Coro y su tambor coriano. La Vela, Cumarebo, Tucacas.

Venezuela musical

José Millet

Autor-editor

Ediciones Fundación Casa del Caribe, Los Teques, Estado Miranda, 2016.

José Millet autor-editor

En colaboración con el investigador Lic. Mario Aular Chirinos, el TSU Enzio Provenzano, Lic. Oscar Lázaro, Orlando Moreno, Lic. PE Concepción.

Libro electrónico:

Coro y su tambor coriano. La Vela, Cumarebo, Tucacas. Venezuela musical

Número del Depósito legal: 2016000364

ISBN

Coro y su tambor coriano. La Vela, Cumarebo, Tucacas. Venezuela musical

Por José Millet

El Tambor Coriano

La Señora Olga Camacho afirma que la legendaria María Chiquitín era una curazoleña descendiente de africanos que llegó a Coro en fecha no precisa y en donde ya existía el tambor. Siente mucho dolor porque en aquellos tiempos no existían los medios tecnológicos ni el apoyo actual que hubiese hecho posible el registro de tan valioso legado artístico y humano. Desde otros sitios, como Cumarebo y La Vela, venía la gente a parrandear con el tambor coriano, cuyo estudio científico deberá ser iniciado con el rigor y sistematicidad que amerita el caso.

Los viejos del barrio La Guinea refieren que el día 30 de noviembre se escuchaba el toque de tambor como un signo de inicio de las celebraciones de la navidad. En particular, en la tarde de ese día se respiraba un ambiente de alegría como claro mensaje de bienvenida a tan esperada ceremonia popular; así, las canciones alegres y bonitas incitaban al baile entre quienes se encontraban o unían en aquellos días de ambiente festivo.

Se ha hecho un lugar común la afirmación relativa a que, en la tradición del **tambor coriano,** parece haber un enlace o relevo femenino que va desde María Chiquitín a Olga Camacho, cuya agrupación, hace unos años bautizada con el nombre de "La Camachera", ha sabido arropar en Coro los rasgos más emblemáticos o significativos de las expresiones musicales, danzarias, del canto, el vestuario y la gracia que envuelven a este rico complejo cultural asociado con el tambor. Muchos otros personajes y personas se esforzaron por rescatar y preservar esta tradición, pero ha sido la familia Camacho la que la ha conquistado con mayor plenitud y trascendencia en virtud de su trabajo y dedicación constantes y sostenidos. De ahí que se hayan convertido en la referencia obligada de la vida cultural no sólo de Coro, sino de todo Falcón, hasta el punto que no hay visitante, por poco avisado que sea, que no transporte en su morral el poder conocer o presenciar alguna de sus actuaciones.

Nos parece muy importante la información y el enfoque que nos ofrecen Rafael Sánchez y José Pero* en su libro **Coro, aspectos históricos**, en el que afirman que, para el año 1585, en el Sur de Coro existía un barrio de negros --africanos o **loangos**-- denominado barrio de Guinea en recuerdo a los pobladores procedentes de las islas de Curazao, Aruba y Bonaire, inmigrantes a quienes estos autores atribuyen su fundación. Por ello a continuación vamos a glosarla a fin de que los lectores tengan la oportunidad de evaluar lo expresado por estos acreditados autores.

---

* Sánchez Rafael y José Pero: **Coro, aspectos históricos** (volumen II), Coro, ediciones corianidad [1991]

Olga Camacho, la Reina del Tambor Coriano

En 1575 existía un poblado de igual nombre en la serranía de Coro. Conforme a real cédula del 27 de abril de ese mismo año, el asentamiento se extendió desde Curimagua hasta Coro. En tiempos del adelantado Heredia, predominaban unas casitas con forma de ranchitos de paja y otras construidas de bahareque, o sea, de paja, bejucos y barro en forma cuadrada tipo **panela.** Los referidos negros serranos visitaban el cantón de Coro los fines de semana en que tenían lugar bailes y canturías con predominio del ritmo del tambor entrelazado por lánguidas canciones en "lengua primitiva". A fines del siglo XIX existió en Coro una colonia curazoleña, procedente de esa isla neerlandesa, donde también se repicaba el tambor y se cantaba en papiamento.

Los pobladores de Curazaito se reunían los días viernes, sábados y domingos para cantar y bailar. Entre ellos, los Stekman, los Faneite, los Arion, los Penso, los Curiel y muchas otras familias de origen curazoleño dejaron una huella en la memoria colectiva del coriano la que, poco a poco, se ha ido desdibujando hasta el punto de estar corriendo el peligro de desaparecer.

Entre los repicadores del tambor han sido salvados del olvido los nombres de María, Jacobo Arion, Francisco Polo, el Negro Yulio, Camilo Pirona (padre de la señora Ana Lucía, a quien hemos entrevistado y citamos en el presente trabajo) y la Negra Katriche, presuntamente de La Vela, según Gustavo Ricaurte y los dos mencionados autores que hemos citado.

Ya a la altura de la década de los veinte del pasado siglo, María Chiquitín formó su grupo de tambor, el que parece haber contado con cantantes y bailarinas, entre los que se recuerda a Victoriano Veroes, la Negra Leonor, Carmen Yánez, Panchón Faneite, "Chinto" Marte y otros. María Chiquitín lo denominó **tambor coriano** y, al parecer contribuyó a que afianzara el día dos de enero como el Día del Comerciante, que era cuando terminaba el repique del tambor que comenzaba el primero de diciembre. Un grupo de empresarios corianos se habían organizado para pautar ese día como de asueto, ocasión en que tanto niños como adultos usaban sombreros de pajilla, que para esa época costaban dos bolívares y medio, es decir, cinco reales o dos chelines (un chelín equivalía a 25 céntimos.) para el año 1923, siendo Gobernador el General Aguaje, fue alcanzado tal logro. Durante tal jornada festiva, los comerciantes cerraban sus negocios y la gente incitaba a sus familias que quebraran los sombreros para obligar a que fuesen comprados otros al día siguiente.

El tambor coriano parecería haberse silenciado después de la muerte de María Chiquitín. Se le escuchaba repicar esporádicamente, casi sólo en ocasión del primero de diciembre y del dos de enero. No obstante, lograron sobrevivir algunos grupos musicales, como los de José Morillo, Changó Stekman, Panchón Faneite, Hermenegildo Riera, Juan Ramón Piquito, "El Chino" Abraham Padilla, Jacobo "El Chuco" Valdés, "Chucho Cabeza", Teófilo Tizo Faneite, Lino Palmora y Goyo Tabareco.

En la historia del tambor coriano hay una mujer singular que se ganó por muchas razones un sitio privilegiado en la historia de esta tradición musical. Se ha llegado a afirmar que ella fue una de los artífices de su renacimiento y, en efecto, Olga Camacho supo llenar con creces el vacío que sobrevino a aquel período en que tanto brillo alcanzó dicha práctica asociada al tambor gracias a la magia y a la gracia de aquella curazoleña fallecida antes reseñada. Olga lo revivió a golpe de constancia y de creatividad puesta a toda prueba; supo trasladar ese impulso a tamboreros calificados y dotados de gran excelencia y de la talla de Miguel Lugo, Joncho Manzanares y de Benigno Pachano quien, con su **furro,** que no es originario del tambor coriano, le imprimió más ritmo y más entusiasmo.

El propio Rafael Sánchez refiere haber sido el promotor de la señora Olga Camacho a nivel nacional a través de la televisión venezolana, en la que la presentó en varias ocasiones; asimismo, fue él quien grabó su primer disco, intitulado "El negro Katanga", obra responsable de haberla hecho popular en todo el país.

La aparición de los barrios colindantes al denominado centro colonial de Coro obedece al proceso migratorio del campo a la ciudad que se produce en toda Venezuela y que, por lo demás, es propio de los países mal calificados de subdesarrollados. Su flujo es perfectamente visible de 1554 en adelante, con períodos de alza acentuada entre los años de 1779 a 1833-1834, asentamientos que más adelante darían origen a los del barrio Pantano y Pantano Abajo, los barrios de Cabudare, algunos de los cuales quedaron establecidos entre huertas erigidas por barquisimetanos inmigrados a Coro.

Según los dos autores cuya obra hemos glosado en esta sección*, La Guinea se formó con negros que habían adquirido su libertad gracias a las riquezas acumuladas con su trabajo, amparados por una real cédula del 27 de abril 1579. En una de sus páginas se reseña la sublevación de esclavos ocurrida en Coro y la fuga de esclavos procedentes de Curazao hacia las costas corianas.

Otros autores también han afirmado que los barrios La Guinea y Curazaito fueron fundados por esclavos africanos procedentes o traídos de las denominadas Antillas Holandesas. Generalmente tales expertos carecen de documentación histórica de respaldo y sus afirmaciones son tomadas como verdades convertidas por la gente ya en tradición que nadie pone en duda. Algo parecido sucede en lo relacionado con el origen y evolución del tambor coriano. Para nosotros hoy se trata de un reto validarlas o enmendarlas a partir del estudio y las investigaciones en curso. Es lo que sucedió con la mítica María Chiquitín, de quien se afirma haber llegado a La Guinea procedente de Curazao y se afanó en constituir en el barrio su grupo de tambor al que puso el nombre de "Los Enanos", con el cual llegó a desfilar por sus calles no sólo el 30 de noviembre, sino también los días 24, 25, 28 y 31 de diciembre.

En un artículo aparecido el 28 de agosto de 1986 en el periódico **El Nacional** se afirma que "el **tambor veleño** [sic] deja de escucharse por más de 20 años, hasta que Olga Camacho lo rescata y hoy en día puede escucharse en varios sectores de Coro". Categóricamente se refiere a la existencia de un solo tipo de tambor, que es acompañado por el güiro, el cacho de venado, el cuatro, el furruco, las maracas y la charrasca. Existen tres formas de ejecutar el tambor: el golpe, el quiebre y repique.

La historia de algunos habitantes del barrio La Guinea a veces se transforma en canciones del tambor coriano. Así había un extraño personaje nocturno que aparecía en las huertas o en las siembras provocando que más de uno de los menguados corianos se quedara sin aliento a consecuencia de que a tal figura se le atribuía el haberse llevado a algunos de los paisanos. Alguien lo bautizó con el mote de "El demonio" y así pasó a esta canción:

*Estos autores citan a Miguel Acosta Saignes para amparar sus afirmaciones **Vida de los esclavos negros de Venezuela**. Valencia, 1984, página 268.

> **Temporá, temporá**
>
> **Allá viene temporá**
>
> **¿Qué será de mis muchachas?**
>
> **Cuando llegue temporá.**

El tema "Magdalena" está compuesto en versos que improvisan los cantadores durante las parrandas. Refiere la existencia de un señor que gustaba bailar todo tipo de música y para destacarse en el baile lo hacía pirueteando en un solo pie.

> **Magdaleno, Magdaleno**
>
> **Bigote de escabellón**
>
> **Prepárate Magdaleno**
>
> **Pa que barras el fogón.**
>
> **Ahí estaba yo**
>
> **Bailando no sé qué**
>
> **Y el tiempo de bailar tango**
>
> **Lo bailaba en un solo pie.**

En casi todas las canciones se percibe el humor y el gracejo propio del pueblo, más remarcados aún en la siguiente, en la que se lleva a términos de burla, con tintes de picardía, a la novia que asiste al acto solemne de las nupcias en la iglesia:

Cuando yo me fui a casar

A la iglesia por completo

El señor cura me dijo

Aquí tiene su esqueleto

Hueso no más tenía mi novia

Hueso no más.

María Chiquitín

Inicialmente, se afirma que María Chiquitín se residenció en una de las calles de lo que hoy erróneamente se conoce con el nombre de Las Panelas, distante a seis casas de donde residía "El Enmochilao", excelente tamborero que se la pasaba lavando carros en el sector. La familia de los Stekman, durante mucho tiempo, interpretó sus instrumentos musicales con el Maestro Miguel Lugo, a quien se le reconoce como el introductor de los **"diez sones"** en el tambor coriano. El marido de María Chiquitín le había introducido variantes y modalidades a este singular arte creador, en este caso asociado con un instrumento musical de origen africano que había hecho su entrada, según algunos de nuestros informantes, a través precisamente de Curazao.

Refiere la señora Ana Lucía Pirona que María Chiquitín conoció a su abuela en Curazao. María Chiquitín vivía en una casita al lado de la casa de sus padres, que es la misma que habita Lucía actualmente .Era una excelente repostera, por lo que esa calificación le permitió trabajar de cocinera en la casa de Ana Jatar. Hacía sus labores de doméstica hasta el mes de diciembre, cuando empezaban las fiestas de navidad. Nunca habló castellano, según su vecina "puerta con puerta", la propia Ana Lucía, quien afirma que la vio hasta poco antes de su muerte. Según ella, María Chiquitín vivió también en la calle El Sol.

Los prejuicios sociales persiguen a los artistas, quienes, por su condición de seres especiales, logran la aclamación o la mala fama. Para María Chiquitín el tambor era su vida. Le apasionaba ese instrumento y le gustaba también beber "caña".

Calle Federación con calle Nueva, donde se afirma vivió María Chiquitín.

Refiere nuestra informante que el doctor Mario Jacobo Penso escribía muy bien, pero en uno de sus libros aparece una foto de María Chiquitín, que no es la de esa destacada mujer.

María Chiquitín sacaba el tambor de su casa y lo paseaba por las calles del barrio. En cierta ocasión incluso lo hizo pasar cerca del Club Bolívar. Durante cierto tiempo la sociedad fue tolerante con esta tradición. Según varios testigos, las esposas de los señores godos atizaron los ánimos para poner a la sociedad en contra de que el tambor continuase desfilando por los espacios públicos próximos a la zona residencial donde ellos vivían. Una atmósfera semejante había contribuido, en 1903, al dictado de un decreto de la Alcaldía que prohibía la salida del tambor coriano.

Cuando esta popular innovadora muere, existe el criterio en el barrio de que se apaga el tambor de Curazao, importante referente musical que orientaba el desarrollo de un tambor propio de Coro. En efecto, desde nuestro punto de vista, en la cultura los espacios vacíos o débiles son rellenados por otros más fuertes que los dominan y esto ocurriría cuando se dibujaba la circunstancia que acabamos de mencionar .El auge de la gaita y el boom del petróleo coinciden con el fenómeno de la inmigración de zulianos a Falcón. Se impone, pues, estudiar cómo la música del Estado Zulia influyó en la local, de manera particular debe indagarse en este caso su repercusión en el complejo músico-danzario denominado **tambor coriano** Desde tiempos remotos, el cacho de vaca había sido el rústico instrumento que acompañó al tambor, que no se tocaba entonces con **furro** ni con charrasca.

Miguel Lugo: Maestro del tambor coriano

Cuando se hable del tambor coriano hay que hablar del Maestro Miguel Lugo. Nacido en La Negrita, hace sesenta y nueve años, lleva en sus manos la energía indispensable para golpear el cuero y extraer de él esos sonidos y tonos que caracterizan a este instrumento, todavía sin estudiarse competentemente. Vamos a glosar lo que nos manifestara en varias entrevistas que le hicimos en su residencia del sector Cruz Verde a partir del pasado día primero de enero. Dice que al tambor hay que golpearlo con el sonido del cuatro. Confirma que los del tambor se producen tres golpes fundamentales. "Cuando haya un furro volveré a repicar mi tambor", nos dice con esa jovialidad que aleja el calendario.

"En Monteverde es donde están los guerrilleros", sostiene con firmeza para significar que por ese sector de La Guinea comenzó la historia de este tambor y es por donde se introduce un núcleo esencial de esta tradición. Se lamenta de que, sin embargo, "allí no hay nada. Están *quedados*", concepto con que manifiesta que la gente no se dinamiza lo suficientemente como para rescatarla del fondo donde ha sido dejada caer y en remembranza (no exenta de nostalgia) de la etapa en que en aquel sector brillaron los talentos más sobresalientes. Critica la forma en que actualmente algunos ejecutan el tambor. "Que no se toca sentado encima de la caja del tambor. El hijo de El Negro, hijo de la comadre [Olga Camacho] es quien sabe cómo se toca. El tamborero tiene que tocar sentado su tambor en una silla apropiada. Antes es necesaria una preparación física", que para él consiste en golpear una pared todo el tiempo posible para darle fortaleza en las manos, rechaza colocarse algo en ellas en el momento de la ejecución.

El Maestro Miguel Lugo en su residencia del barrio Cruz Verde

Lugo se remonta al pasado para recordar cuando agarraban a las mujeres y las enseñaba fino el arte del tambor; se lamenta de que los hombres casi todos se han casado, igual que sus hijas que están cargadas de muchachos. Eso le impide por lo visto, volver a organizar su grupo musical. Pero al final de la entrevista se compromete a lograrlo en las próximas semanas.

Lugo fue uno de los mejores peloteros, llegó a conseguir el título de doble A; era la época de Peñalver. También fue boxeador, profesión de la que tuvo que retirarse después de que lo hospitalizaran por un puñetazo que le dio un contrincante súper grande. Perteneció al equipo "Los Criollos de la Vela". Entonces existía la cervecería Las Rocas. Miguel Lugo perteneció a la categoría de los lanzadores de "que las tira como un limón". Trae a colación una anécdota relativa a Paraguaná donde una vez se involucró en una apuesta con El Maracucho Ridan Bell; cada uno disponía de cinco cajas de cervezas para el juego urbano. Miguel Lugo se desempeñó como pitcher, en el estadio Tato Amaya, a quien ponchó varias veces, pero esta vez metió un jonrón (home run). Para la época fue a parar a las manos de un contratista de la construcción, con quien consigue vagones de piedra que debía depositar con un camión. En ese trabajo duró tres meses. Tiene familia en La Cruz de Taratara. Juan Ramón Lugo fue copeyano. "Nano" Lugo jugó pelota.

Miguel Lugo cuenta que él llevaba consigo 4 ò 5 borradores a las reuniones para evitar que lo golpearan sus oponentes políticos. Carlos Ortega le tenía "chismeao" en Caracas; refiriéndose a él nos dice: "esa broma no sirve".

Alcanzó una diputación con cuarto grado de enseñanza. Le llegaba a la gente preguntándole directamente por su situación económica: "¿estas pasando hambre?" y, al conocer la situación precaria de alguien, se enfrentaba a los patrones, a quienes decía: "métalo por tres meses a trabajar". Estuvo 36 años en el MINFRA y en otros organismos, como el MOP, MTC, FOPE. Para incorporarse a la cultura necesita que le apoyen con alguna contribución o algo parecido a lo que le dan a Olga Camacho, como una especie de subsidio. No recomienda a algunos de sus hijos para su trabajo por considerarlos "malandros" y porque no permitirá que lo hagan quedar mal.

El tambor con el parche mayor y de mayor altitud es el que suena más alto; en cambio, el tambor pequeño se emplea en este conjunto instrumental para el acompañamiento del primero. Para Lugo, lo más importante es saberlo repicar. "Julio César Arteaga tiene un casete grabado con los repiques míos", nos manifiesta Miguel Lugo con la seguridad propia de un oficio que se domina a ciencia cierta y dejándonos entender que existe una zona común a la forma de ejecutar el instrumento, pero hay otra en la que predomina la individualidad o el sello personal.

María Chiquitín tenía sus tambores. Vivía en Chimpire. El Negro Yule tocaba el güiro metálico. Las **taparas** hay que meterlas. Entonces Lugo tenía 18 años y vivía en el barrio La Guinea para abajo. El quería aprender para preparar un conjunto de música folklórica, pero para entonces no existía Casa de Cultura y, sin apoyo ni recursos, confiesa que él, Olga Camacho y su esposo Benigno Pachano, fueron quienes introdujeron en el "tambor coriano" otros instrumentos musicales.

El Negro Yule, "Chindo" Páez y "Panchón" Faneite, de **raza curazoleña**, fueron quienes le enseñaron a Miguel Lugo el secreto del tambor. El aprendizaje lo hizo en silencio: viéndolos tocar. Con ellos estudió de ese modo: aplicando la atenta observación y registrando en su cerebro los diversos modos empleados por ellos en la ejecución del tambor. Esta confesión es de importancia excepcional, porque nos permite apreciar hasta qué punto el tambor coriano le debe al tambor curazoleño en cuanto a su nacimiento, desarrollo y situación actual. Sin este dato revelador es imposible reconstruir su historia, sustentada casi exclusivamente en la tradición oral.

Según él, su compadre Benigno Pachano era terrible, se le aparecía en el sitio donde había ido acompañado de su comadre Olga. Era cuando Lugo tenía dos buses y dos camionetas en que llevaban a los músicos a los diversos escenarios en que ellos hacían sus presentaciones. Entonces el partido Acción Democrática le tenía rabia a Lugo por haber sido guerrillero cuando Chema Saher (en la etapa en que al Gato, hijo de Chindo, lo mataron en la sierra coriana.)

Chango Faneite vivía en la calle Buchivacoa, como Miguel Lugo; nos aclara que aquel sitio pertenecía al barrio Chimpire, como le decían antes; menciona además al Negro Yule, que habitaba en calle Ampíes. Llega a proporcionarnos la siguiente precisión: vivía en el comienzo de la urbanización Ampíes. Stekman vivía por donde cruza el Hospital para acá, cerca de un local donde vendían o venden lotería. Era contratista. El Negro Yule también vivió en Chimpire. Panchón Faneite con la familia de la gente que vivía, o vive en la Avenida en un sitio donde vendían lotería. Chango también andaba por esa época.

Nos afirma Lugo: "cuando comenzamos a tocar ya había muerto María Chiquitín; en aquella época, ella salía con su tambor, cantadores y bailadores".

Lugo opina que inicialmente debieron ser dos al menos los tambores integrantes del tambor coriano; luego llegaron a ser cuatro. Hace siete años el urólogo Pulido Bueno le pidió a Olga que le repicara el tambor.

En la sierra el tambor lo tensaban con bejucos. En Coro se templaba el cuero del tambor con la candela de unos papeles que se quemaban.

Existió el **tambor de salve,** que se percute con palitos.

Lugo afirma haber minado de tambores el sector Monteverde. Pero lamenta la actual situación existente allí. "Uno los va enseñar y se arma la **verguera**". Solicita la construcción de tambores grandes y pequeños para emplearlos en la enseñanza a nivel de la propia comunidad que los vio nacer y pasearse por sus calles. Esta acción contribuiría al reintegro de este símbolo de la corianidad al propio sujeto que lo creó y recreó durante tanto tiempo. Para el pueblo constituiría asimismo otro medio más empleado para su dignificación. De este modo la cultura tradicional popular de Coro y de Falcón daría un paso más hacia delante; de cambios radicales e irreversibles como el que se ha puesto en movimiento en la República Bolivariana de Venezuela.

De numerosos lugares venían a ver el repique del tambor coriano. Por ejemplo, de La Vela, Dabajuro y El Mene muchas personas pudieron llevarse una imagen de primera mano de lo que se estaba produciendo en Coro. Resultaba una manera de contrarrestar las deficiencias del Estado de entonces, ante manifestaciones de la cultura tradicional popular, a las que apenas se les asignaban escasos recursos y poco apoyo para que se desarrollara.

En el conjunto musical "**tambor coriano**" puede haber dos **furros**, según Miguel Lugo. "El mío es el primero", confiesa y recuerda que su comadre Olga Camacho bailaba cuando iban a tocar a diferentes ciudades, como San Cristóbal, Valera, Trujillo…. Más tarde, en fecha que necesitamos precisar, Lugo se separó del grupo de Olga por no compartir algunos procedimientos; "no voy a cobrar por lo que no tiene precio. Toco el tambor para divertirme y echarme un palo", nos confiesa en tono escueto, llano y sincero. Para entonces organizó nuevamente su conjunto musical integrado por él y sus hijos. Finalmente, cuando se jubiló, dejó en manos de éstos el encargo de que le diesen continuidad a su tambor, es decir, que no muriera esa bella tradición.

Por causas que no me comunicó, el grupo de Lugo se extinguió; tampoco sabemos si el Maestro Lugo logró transmitir a sus hijos los conocimientos poseídos por él de fuentes tan sabias como las que hemos mencionado más arriba. Podemos hacer algunas inferencias sobre este asunto a partir de lo que nos manifiesta en relación con el tamborero principal que su comadre Olga Camacho tiene en su grupo "**La Camachera**". A propósito dice categóricamente:"el folklore nace de uno mismo y "Joche" casi no me oyó". Las veces que repique [el tambor] son distintos repiques", manifestó. Lugo ha intentado hacer entender que esa riqueza en la ejecución del tambor no fue transmitida a los jóvenes, ni por tanto, aprendida por parte de la generación que ha debido relevar a la generación suya. A través de la reflexión de este viejo tamborero, se nos está proporcionando el cuadro de que estamos enfrentados a una situación crítica por cuanto se nota más empobrecimiento de aspectos tan importantes como las técnicas de ejecución del instrumento por la falta de la adecuada y oportuna transmisión de los conocimientos y habilidades a las personas que los debieron recibir en su momento.

Lugo nos contó que cuando estaba grabando su disco, él repicó fuerte el tambor, cuyo parche se rompió. Eso lleva a un análisis de las técnicas constructivas que deben ser aplicadas a los instrumentos musicales. Hay que saber preparar el parche para que no suceda esto. Nos enseña que el parche hay que meterlo en cal, en agua y finalmente dejarlo en la caja.

Lugo aprendió los toques de cada uno de los tipos de tambores existentes en el Estado Falcón; el de Cumarebo, el de La Vela. Y apunta el hecho de que la gente de La Vela era la que más contactos tenía con Curazao y fueron **veleños** quienes trajeron los toques aprendidos por él. Narra la anécdota de cuando libró un duelo cordial con el tamborero **veleño** Galo Guanipa, quien ganó la primera vez, pero luego no fue así "¿Quién le da más?", se trató de una competencia sana. El dato nos permite evaluar cuán estrechos eran los vínculos entre los tamboreros de Coro y los de otros sitios del Estado Falcón, especialmente con los de La Vela, lo cual no se aprecia en el presente.

Lugo aporta un valioso testimonio acerca de su aprendizaje. El no le preguntaba a aquellos viejos curazoleños, sino que los escuchaba y observaba atentamente. Había focalizado su atención en el tambor para evitar que otros elementos que nos rodean pudieran alejarlo de lo principal. Para él de lo que se trataba era de aprender las técnicas de ejecución y los diferentes tipos de toques de este instrumento de percusión. Así andaba tras de los viejos buscando los tonos del tambor; eso lo confirma en su llamado a que se enseñe todo lo relacionado con el tambor. Insta a su comadre Olga a que enseñe más a tocar el tambor coriano. En lo personal, sus conocimientos no se los va a llevar al cementerio porque "me los van a ensuciar". Debe enseñársele los secretos del instrumento a esta generación como único medio de garantizar que no desaparezca la tradición del tambor coriano.

A Chango Stekman lo apodaban "**Peleco**", es decir, zambo.

Joel Arion, los Stekman, los Jatar, procedían de Holanda – en realidad de Curazao. Según Lugo, Ela Petit era una "maestra de corazón", de La Vela.

Luís Alfonso Bueno vive en Paraguaná.

"Gonzalo Márquez Yánez ha sido el periodista más peculiar que hayamos conocido. Era un carajo que llegó a Coro en un barco y aquí se quedó para ser sembrado y es por eso que nadie lo olvidará nunca". También existió "Radio Pantano", un personaje popular que solía presentarse como "la única emisora que trabaja sin luz eléctrica".

Tambor coriano—Tipología

Tambor serrano

¿Por qué no hay **tambor serrano** con el ardor y vehemencia del tambor coriano? En gran medida a consecuencia de la represión que sucedió al aplastamiento sangriento del conato insurreccional iniciado por José Leonardo Chirino el 10 de mayo de 1,795. Los caminos de la cultura tradicional popular coriana transcurrirían de modo particular a partir de este hecho, que debe ser tomado como un elemento importante al analizarlo en su dimensión histórica. Los contenidos, el ritmo y el significado de las canciones serranas así nos lo evidencian.

El Chino Solís considera que la **tamborita serrana** tiene un tejido en forma de doble v (W) o doble parche, lo que, según él, es típicamente africano. La tamborita es usada en Barlovento durante las celebraciones de la Cruz de Mayo.

Tambor cumarebero

El **tambor marinero** de Cumarebo es el más parecido al tambor curazoleño. El tambor veleño procede de Puerto Cabello debido, sobre todo, al contacto frecuente que existió desde el período colonial entre ambos puertos; de allí que en la Vela se convirtiera en una tradición la festividad con motivo del día de San Juan. Al tambor coriano se le introduce el cuatro como un añadido de pura creación nacional del pueblo venezolano.

Tambor veleño.

Se afirma* que hay diferencias entre los tambores de la costa y el propiamente coriano, que asocian e identifican con la tierra firme o el interior o, en todo caso, lo opuesto al tambor marinero. Ejemplifiquemos con el tambor veleño, que tiene su toque propio y su propio vestuario. En este último, los tocadores visten franelas y blue jeans. El tambor veleño está compuesto de dos tambores: uno que hace la prima, que dirige el quiebre y el otro de segunda, que hace de fondo y marca el ritmo.

Aun cuando los dos instrumentos son ejecutados simultáneamente, cada cierto tiempo uno se sobrepone al otro, que termina por acallarse. Este relevo permite darle rienda suelta a la energía y a la vitalidad de cada uno de los tocadores. Los tambores son acompañados por el furro, güiro, charrasca y cuatro.

Muchas personas creen que la presencia exclusiva de mujeres en el baile se debe a que, en La Vela, los hombres no son proclives a la danza, razón poco convincente, pero entendible. Creo que esta afirmación o creencia más bien se corresponde con la versión del grupo Parranda veleña, que se cita en los artículos** que estamos reseñando; fundado en 1985 por Lino Pajarito Nerey, su repertorio inicial se basaba en la música serrana y venezolana, pero con una preponderancia del tambor, el cual ha terminado por ser el más fuerte de todos los instrumentos.

ANEXOS

El tambor coriano

Por José Millet*

Existe un fondo inexplorado en la historia del tambor coriano. De lo que se trata entonces es de desvelar la trama, los hilos de esta tela de araña que nos permitan conocer cómo era aquel instrumento cuando surgió y cómo, cuándo y por qué evolucionó hasta llegar a su situación presente. Tengo la presunción de que en sus inicios el "tambor coriano" era un solo instrumento, que era percutido por una sola persona y luego se fue socializando lentamente hasta ser ejecutado por varias personas que se relevaban en el toque durante algún evento familiar o de mayor alcance colectivo, como el de una festividad religiosa. En el principio constituyó un vínculo, un canal de comunicación con el África ancestral de la cual había sido desarraigado el negro reducido a la condición de esclavo mediante el engaño y la violencia; luego se convertiría en un factor de unión para enfrentar en tierra extraña las adversidades propias de la situación del destierro.

El propio nombre con que se le bautizó y permanece hasta el presente apunta en esta dirección. "El **tambor coriano**" y no "el **baile coriano**" nos lo indica notoriamente con claridad meridiana. El maestro coriano Miguel Lugo nos lo confirma con una afirmación categórica: "bailar el tambor coriano no vale nada, sino el **repicarlo**". Sin menospreciar cualquier otra expresión artística añadida o resultante de una evolución o circunstancia a la que se ha llegado, no obstante la tradición está señalando con esto su núcleo principal de partida, que es a su vez el foco centrípeto en el que se confluye y en el que subordina al resto de las expresiones artísticas que giran en torno de sí. De ahí que en el habla común, tanto como en ese fondo inescrutado e inexplorado, reviente la palabra "**tambor** "como elemento de referencia simbólica, a la vez que remitente a un pasado ancestral y a un núcleo aglutinador de personas sometidas a la aculturación y al despojo violento de todo arsenal de símbolos connotativos de un origen.

Asumiendo esta perspectiva, el tambor coriano tal vez deba ser interpretado como el grito desesperado del oprimido que agarra en las manos el medio más eficaz con que sobrevivir ante una situación de violenta deculturación. El baile podría ser visto así como lo que se le añade posteriormente, en medio de un proceso de transculturación enmarcada en ese proceso agresivo. Tambor remite a África ; África es sinónimo de esclavitud para el colonizador y esclavo significa ser carente de cultura ante sus ojos y los ojos de los grupos sociales que continuarán ejerciendo el dominio colonial y que lo prolongarán durante las denominadas *Repúblicas* .Era necesario, pues, desdibujarlo, debilitarlo o hacerlo desaparecer si fuese conveniente, más sobre todo a partir del conato de insurrección liberado por José Leonardo Chirino, en la sierra coriana, a mediados de la década de los noventa del siglo dieciocho.

El tambor tendría que negociar con la cultura dominante su status y ubicación en la sociedad colonial y postcolonial para garantizar su sobre vivencia. Se adaptaba a las exigencias del colonizador o desaparecería: tal era la dramática disyuntiva a la que se enfrentaría .En el juego con el poder que lo negaba, aparecerían estrategias de resistencia; de una de esas estrategias se derivaría el crecimiento del número de tambores de la agrupación instrumental y la incorporación de otras expresiones artísticas, como la danza de carácter étnico y luego otras formas de representación escénica, que incluían el baile. Como resultante, en lo relativo al contenido de esas ricas expresiones escénicas, éste se desarrollaría hasta concretarse en un campo semántico cada vez más amplio y abarcador. En lo adelante, decir tambor en cualquier sitio del actual Estado Falcón significaría **corianidad,** que es como actualmente se le percibe y recibe en la gente común, no sólo en los vecinos de los barrios marginados de la ciudad. Es lo que nos manifiesta el joven docente de percusión Gustavo Ricaurte cuando se refiere a que, para el conocedor, tanto el tambor veleño, como el marinero o cumarebero, o aun el serrano, se le califica con ese linaje.

Un cerco racista y contracultural habría sido impuesto por la clase dominante desde la colonia para impedir el reconocimiento de los valores creados por el pueblo en lo relativo a su espiritualidad. La clase social dominante, primero los oligarcas y luego los burgueses, se propondrían como estrategia de dominación en el campo de la cultura descalificar al complejo cultural denominado "**tambor coriano**" para impedir que se siguiera manifestando como lo había hecho en el pasado .No se trataba de una acción aislada. Todo lo contrario. Esta descalificación formaba y forma aún parte de la plataforma de dominio que abarca un conjunto de actos dirigidos a colocar en primer plano a la "cultura oficial, con la que siempre se ha impuesto la imagen de la que debe entenderse por **cultura**. Todo lo demás, si no carece de valor para este punto de vista, cuando más, es subalterno: está en segundo plano y, como tal, debe tomarse como algo secundario, que en cualquier momento puede ser colocado a un lado.

En el transcurso del siglo XX los curazoleños asentados en Coro desempeñaron un papel muy importante en la reafirmación del tambor como signo emblemático de la expresión artística de la cultura tradicional popular que había sido negada y excluida durante mucho tiempo .Hemos mencionado los nombres de algunos de los personajes más destacados en esta labor. Ellos posibilitaron que en la memoria colectiva del barrio La Guinea de la ciudad de Coro se mantuvieran presentes algunos elementos que remitían al pasado ancestral, en particular aquellos que siempre quisieron borrar. Volvamos a recordar los bailes del tambor que tenían lugar en La Guinea en el período de la insurrección de José Leonardo Chirino, nunca olvidemos cómo se dejaba traslucir en sus cantos lo que se estaba gestando en la sierra coriana en relación con la insurrección encabezada por aquel hombre mestizo, pero que contaba con la adhesión de esclavos, negros y mulatos libres y de parte de la población aborigen.

Asimismo los curazoleños abrieron el camino para que se estudiaran y aprendieran nuevamente las claves del tambor, debilitadas o relegadas durante un tiempo. A su lado, compartiendo un espacio cultural entendido peyorativamente como *"folklore,* se situaron algunos corianos que habrían de adquirir los conocimientos indispensables para que el tambor coriano no muriera. En páginas anteriores hemos proporcionado sus nombres, que deberán ser objeto de investigación por los estudiosos y cronistas de las localidades. Cuando logremos materializar nuestro proyecto de **Museo del Barrio La Guinea**, al pie de sus retratos o fotos deberá colocarse la síntesis de sus biografías para que la comunidad conozca sus méritos y, tanto niños como jóvenes, tengan en ellos dignos modelos con que orientar la comprensión de su pasado y su comportamiento actual.

Mucha gente ignora el lugar en que se tenían a aquellas numerosas y ricas expresiones de la cultura tradicional popular .Debe estimularse para que se active la memoria colectiva, en especial en aquellas zonas en que se ha producido una manipulación en el inconsciente para que no afloren los recuerdos. El tambor coriano no sólo fue menospreciado y colocado en espacios marginales de la sociedad neocolonial, sino también fue excluido y perseguido durante mucho tiempo hasta períodos recientes previos al actual proceso de la revolución bolivariana .Disponemos de testimonios de vecinos del barrio La Guinea-Curazaito que dan cuenta de cómo las "señoras damas, esposas de la **godocracia**" local veían con malquerencia a las muchachas pobres que se sumaban a los desfiles del tambor por algunas calles de Coro durante diversas celebraciones festivas, como las del inicio de las Navidades. Estas damas estaban animadas no de un natural celo por sus parejas masculinas, sino motivadas en su inconsciente por arraigados prejuicios sociales que las predisponían a rechazar y alejar del espacio social en que ellas se desenvolvían (léase el actual mal denominado **casco histórico** o centro colonial de la ciudad mariana) a la música de aquellas personas de barrio que necesariamente había que mantener a "distancia."

Fue así cómo esas señoras lograron promover un estado de opinión dirigido a movilizar a las autoridades gubernamentales del municipio en contra del tambor coriano. Según obra en el Archivo Histórico de la actual Alcaldía Miranda*, se promulgó entonces un decreto del jefe militar y civil Gabriel A. Reyes, en que se califica al tambor o mabil de **"espectáculo que desdice en alto grado de la cultura y civilidad de los pueblos"** y en él se discurre que con semejante espectáculo se ofende la moral pública. En consecuencia, mediante tal instrumento legal se ordena prohibir **"semejante baile en las partes céntricas de la población"**.

La represión no se quedó en semejante acto de marginación o exclusión, sino que iría más allá; así, en otra de sus medidas, obligaba a la gente humilde de los suburbios donde ese instrumento era guardado celosamente y se realizaban tales celebraciones asociadas a él a obtener previamente el permiso correspondiente de la primera autoridad del Distrito, que era como se llamaba entonces al Municipio.

*** Libro de resoluciones y decretos de la gobernación del Distrito Miranda** Años 1903-1906.Documento II, folio 11-12. Alcaldía Miranda .Archivo Histórico.

Comprobamos con ello cómo se determinaba, sin decirlo explícitamente en el texto del mencionado decreto racista, su prohibición: se exigía, como requisito indispensable, que dicha solicitud se hiciera "en papel sellado de la clase sexta y con estampilla de instrucción de 50 céntimos, comprometiéndose el solicitante a responder del orden", mientras se celebraran las fiestas populares en el barrio al que se le confinaba.

Faltaba dar todavía una última vuelta de tuerca para estrangular al humilde, que era precisamente la más fuerte, la de tipo económico: el solicitante debía pagar previamente diez bolívares, que era un capital en la época ¡y si, contravenía lo dispuesto, diez o veinte bolívares o arresto correspondiente". La espada de Damocles era colocada en la cabeza de la gente humilde a la que se arrinconaba en sus guetos, en los que podía divertirse y reafirmar su identidad local sólo si cumplía con requisitos que no estaban al alcance de los bolsillos de gente pobre, negra, mulata y sin recursos materiales, quienes sólo disponían de lo más elemental para mantenerse en un nivel de sobre vivencia.

*José Millet: escritor e investigador, director-fundador del Centro de Investigaciones Socioculturales deL INCUDEF

Anexo 2 Tambor de Cumarebo

ORIGEN Y EVOLUCIÓN DEL TAMBOR CUMAREBERO

Por Juan González Pérez

Para comenzar debemos ubicarnos; Puerto Cumarebo es una población que según el último censo, tiene 21.808 habitantes, 10150 varones, 11.152 hembras, asentados en 4.520 hogares. El Municipio tiene en total 29.045 habitantes.

Puerto Cumarebo es la capital del Municipio Zamora desde 1.989; anteriormente fue capita del Distrito Zamora y antiguamente Cabecera del Cantón Cumarebo.

Puerto Cumarebo no tuvo fundador, su origen se remonta a finales del siglo XVII, cuando por la estratégica situación de su Bahía y la cercanía. de las Antillas Holandesas y la inexistencia de. poblamiento, los indígenas vivían en las zonas más propicias, donde abundaba el agua; esta circunstancia era aprovechada por los piratas y filibusteros, quienes después de cometer sus fechorías en alta mar, se refugiaban en la bahía cumarebera, que por ser despoblada, no tenía vigilancia alguna.

Luego serían los contrabandistas, que utilizaban su costa para introducir sus mercancías ilegales y de aquí distribuir al resto de la región.

Con el correr del tiempo se fueron estableciendo, primero rancherías a la orilla del mar, y más tarde, se va formando una población un tanto cosmopolita, con gentes venidas de distintas partes del mundo, comercialmente activas, por eso decimos que Puerto Cumarebo surgió del contrabando.

Precisamente esas personas que fueron poblando la Bahía Cumarebera, fueron las que iniciaron la relación con las Antillas y se estableció una comunicación más fluida y es esa la relación que da origen al "TAMBOR". Los holandeses de color, con ancestros africanos nos legaron la tradición del Repique del Tambor".

Luis Arturo Domínguez, insigne investigador del folclor venezolano y latinoamericano, con respecto al Tambor Cumarebero, nos dice lo siguiente: "En Puerto Cumarebo, a las doce de la noche de la víspera del mes de Diciembre, los "holandeses", o sean los negros oriundos delas islas de Curazao, Aruba y Bonaire, compuestos en su mayoría por marineros, recorren las calles del Puerto luciendo trajes de colorines, anchos sombreros de cogollo, de los cuales penden cintas de variados colores Utilizan para acompañar sus cantos el tambor y el triángulo. El membranófono que usa esta gente sólo tiene un parche, que bien puede ser de piel de ovejo o chivo, el cuerpo del instrumento es un pequeño barril en el cual se pueden ver diversos dibujos de color verde o rojo. El parche. casi siempre se clava con tachuelas y para "templar" el "tambú" lo ponen al sol o haciendo una hoguera, colocan el tambor oblicuamente de manera que el resplandor de la hoguera lo reciba indirectamente el cuero, y con suaves golpecitos dados con los dedos o la mano, van probando el temple del instrumento. A los holandeses los acompañan también mujeres de color, estas se entregan frenéticamente al baile del tambor, se "cangan" las enaguas sobre el cuadril, sujetándolas con un enorme pañuelo a cuadros, mientras los hombres al son del tambor y el triángulo, palmotean y acompañan los movimientos voluptuosos y cantan alusivos versos en papiamento.

Personajes célebres del "loango tambú" fueron: la "Negra Katrinche, Antonia Demey y Nicolás Quero".

Esto lo escribió Luis Arturo Domínguez. hace exactamente 50 años, fue publicado en 1.953 en el libro "POLIANTEA DEL DISTRITO ZAMORA", de los hermanos Ismael y Rafael González Sirit.

Como podemos apreciar, la tradición del tambor la trajeron los "holandeses". Dudo que alguno de los presentes haya conocido a la "Negra" Katrinche o a Antonia Demey, es posible que conocieran a Nicolás Quero, pues durante muchos años fue, junto con Gollo Zamora, los matarifes del Mercado Municipal y era muy frecuente verlo por las calles vendiendo "bojoticos" de mondongo amarrados con cabuya y cuyo valor era de un real o 0,50 de bolívar.

La tradición oral, que es la que permitía antes que las tradiciones se fueran transmitiendo de generación en generación y así se conservaran, es la que nos permite relatar a ustedes acerca del origen y evolución del Tambor Cumarebero. Como bien lo apuntó Luis Arturo Domínguez, al principio eran sólo el tambor y el triángulo y poco más atrás la escardilla, luego se le fueron agregando: el cuatro, furruco, charrasca, maracas y cacho rayado.

Los más insignes tocadores de tambor que se recuerdan, aparte de los holandeses, que nos legaron la tradición y cuyos nombres no se recuerdan, fueron, en orden cronológico:

Conde Martínez, Nicolás Quero, Bartolo Álvarez, Agenor Hoyer, Epifanio García, Benito Lisir, Mundo Arias, Chico Estredo.

De las mujeres que bailaban tambor con alegría y entusiasmo: La "Negra" Katrinche, una holandesa de elevada estatura, Antonia Demey, que al decir de los que la conocieron era un remolino de pasiones que despertaba la admiración de todos. También se destacaron como bailadoras: Juanita Estredo, Rafaela Semejal, Narcisa Estredo, Mirta Hernández, Narcisa Semejal, Maria Ricarda Estredo, y la última que conocimos y que fue la que por más tiempo nos deleitó con sus contorsiones fue Rosalía Musset, la "Negra Challa".

La formación del Grupo "TAMBORES DE CUMAREBO" le dio al Tambor Cumarebero un segundo aire, hay que reconocer que Jesús Higuera, Santiago Santelíz, Amador Musset y otros, se propusieron y lo lograron, grabar dos discos de Larga Duración que son prácticamente la Memoria del Tambor Cumarebero.

Existen otras agrupaciones que cultivan el género del Tambor como "LA PARRANDA CUMAREBERA" y "GRAN ZERPA"; pero a decir verdad, han recibido influencias ajenas a la originalidad que ha mantenido, a través de los años el Grupo "TAMBORES DE CUMAREBO", por eso son los mantenedores de la auténtica tradición y son por lo tanto los Embajadores del folclor cumarebense.

La importancia que para Cumarebo tiene la vigencia de la agrupación "TAMBORES DE CUMAREBO", es el mantenimiento de la tradición, que sabemos no se perderá pues han sembrado en niños y jóvenes el apego a la tradición, y la semilla sembrada en tierra fértil germina con buenos frutos.

Dos fueron los discos de Larga Duración; en el primero Titulado "EL PESCADOR", los "TAMBORES DE CUMAREBO" hacen una recopilación de temas de Cumarebo, Curazao, el Litoral Central. Para esta primera grabación, la Agrupación estaba integrada por: Henry Reyes (cuatro), Rafael "Coca" Lisir (tambor), Andrés "Deche" Álvarez (tambor y cantante), Demócrito "Chuchú" Henríquez (tambor y cantante), Jesús "Chua" García (furro y coro), Eugenio "Ñeño Martínez (Güiro), Douglas Semejal (cantante), Eric "Keka' Estredo, (güiro), Juan "El Tuqueque" Hoyer (escardilla), Tomás "Sipotón" Estredo, (escardilla), Alexis Ordóñez (coro), Rafael Semejal (coro), Amador Musset, (cantante), Rafael Gómez (cantante), Tulio José (coro), Santiago "Calpache" Santeliz (cantante), Jesús "Chucho" Higuera (cantante).

En el segundo trabajo discográfico, titulado: "LOS CINCO JUANES", se incluyen temas locales, folclor de los Estados Carabobo y Nueva Esparta, también incluyen temas de Oswaldo "Guaro" Cayama, y se introduce la innovación del coro femenino integrado por: Mayela Páez, Kelly Gutiérrez y Gladis Flores; resultando un producto más acabado.

En la actualidad el Grupo se mantiene gracias a la voluntad y tesón del Lic. Douglas Semejal, que se ha empecinado en no dejar morir la tradición. Es de hacer notar que el tambor cumarebero se diferencia del coriano y el veleño, en que se mantiene en su forma original, sin recibir influencias extrañas, siendo el único grupo que utiliza la escardilla como instrumento musical y que en su ejecución se emplean varios pasos, a saber: arranque, quiebre, pausa, tramao y entreverao.

Fue registrado como "TAMBORES DE CUMAREBO" en la Oficina Subalterna de Registro del Distrito Zamora del Estado Falcón el día 07 de diciembre de 1993, bajo el N° 44, Folios 149-150, Protocolo Primero, Tomo II.

Los integrantes actuales de la Agrupación son: Douglas Semejal (Director-Cantante), Ángel Semejal (güiro), José Semejal (tambor), Miguel Semejal (güiro), Oswaldo Arias (tambor), Edgardo Arias (cuatro y coro). Edgardo Arias Jr. (coro), Jesús García (furro), Eddy Blanco (furro), Demócrito Henríquez (tambor y cantante), Rómulo Mencías (tambor), Luis Mencías (güiro), Príamo Guillén (escardilla), Héctor Medina (coro), Orlando Arias (coro). Compositor:

Oswaldo "Guaro" Cayama.

Junta Directiva:

Douglas Semejal   Director
Edgardo Arias   Secretario
Sótera de Bustillos   Tesorera.
Raúl Jiménez   Coordinador

Registrada el 25-09-2.002. N⁰. 10 Tomo VI —Folios 21 y 22, Oficina Subalterna de Registro de Puerto Cumarebo.

Puerto Cumarebo — Falcón. Marzo 2003.

2.-5.- **Identidades locales, comunitarias y regionales: hacia el ser venezolano.**

Marco conceptual

I.- Cultura, comunidad e identidad cultural: acercamiento

> *La identidad no deja de ser una especie de juego virtual al que nos es imprescindible referirnos para explicar cierto tipo de cosas, pero sin que tenga nunca una existencia real..., un límite al cual no corresponde en realidad ninguna experiencia.*

> Lévi-Strauss, *La identidad*

1.Cultura

El concepto de cultura en su acepción más amplia, entendido como concepción de la vida y el hombre, coherente, unitaria y difundida nacionalmente, nos remite a la esfera de la praxis social: al modo de vida de una sociedad determinada, que se traduce en un sistema de valores éticos y morales que a su vez condicionan costumbres, hábitos, formas y medios o de subsistencia, estilos, expresiones artísticas, instrucción cultural, normas y patrones de comportamiento a nivel del individuo y de los grupos. No ha sido hasta hace muy poco tiempo que el enfoque de la Microsociología nos ha permitido visualizar, que estos módulos antes mencionados, tienen su base o célula originaria en un micro territorio o localidad determinada, donde se produce   un proceso de establecimiento de nexos y concatenaciones impuestos por el propio desarrollo social, a partir del cual, ellos intercambian, reciben y/o asimilan contenidos y expresiones de otros micro territorios o localidades, hasta constituirse en un elemento de carácter regional e, incluso, hasta llegar a difundirse nacional e internacionalmente.

2.- Comunidad

Muchos autores afirman que la célula originaria de la sociedad es la comunidad y que la célula originaria de la comunidad es la familia. Pero, ¿qué es la comunidad? Comunidad es aquello que es común en el sentido de lo que pertenece por entero a los miembros de un grupo de personas afines, en términos de su subjetividad, de la cual hablaremos más adelante. Desde el punto de vista de la Sociología, comunidad es una forma particular de organización social que se logra no por voluntad del individuo, del que ella es independiente y que se caracteriza por el hecho de que sus miembros viven en común, con ayuda de recursos que pueden o no ser de su propiedad. Se trata de un grupo humano orgánico dotado de cierto margen de libertad, en el que se nace o se accede no por contrato o mecanismo jurídico, como el matrimonio, sino por compartir espontáneamente bienes comunes, sean éstos materiales o espirituales, lo cual es su sello más significativo.

Hasta cierto punto, esta visión de la comunidad remite al origen mismo de la especie humana, en el cual no había aparecido el excedente económico, y las relaciones estaban regidas por la ausencia del arte o de las técnicas dirigidas al intercambio interesado, y a la postre, al dominio de quienes no poseían esos excedentes, por los otros que adquirieron poder con su posesión. No obstante, cuando un grupo humano es capaz de lograr sus propios medios y recursos para la subsistencia, valiéndose de la aplicación de sus energías creadoras, hablamos de comunidad, condición de lo que ahora se denomina desarrollo endógeno, es decir, resultado de la aplicación del trabajo de un grupo que no depende, para lograrlo, de la ayuda o la asistencia del exterior.

Mas, la comunidad no necesariamente está definida o determinada por la reproducción de la vida material o por el hecho económico. Podemos hablar de una comunidad desde el punto de vista social más extendido, que incluye, por ejemplo, la esfera de lo espiritual y lo religioso, punto de vista de mayor fortaleza en muchas sociedades y circunstancias. Son rasgos distintivos suyos, entre otros, las tradiciones, los modos o peculiar manera de subsistencia, el comportamiento social, el hábitat y, aunque no necesariamente, las creencias religiosas y la espiritualidad ya mencionados. También entran aquí, en cierta medida, determinadas relaciones de parentesco, no reductibles a las sanguíneas

La comunidad rural ilustra, como modelo de alto valor expresivo, el peso y la función del factor subjetivo en la cohesión y preservación de los rasgos comunitarios. En ella se conservan en mayor número y con mayor significado la ayuda mutua o mutualidad, la cooperación y la solidaridad entre los miembros del grupo, capaces de sacrificar intereses personales para satisfacer necesidades de otras personas. Estos rasgos pueden ser observados asimismo en los pequeños poblados o en los asentamientos semi-rurales, donde ellos son menos fuertes, ni tampoco empleados con la constancia y la frecuencia con que se dan en el campo. De modo que, podemos convenir, mientras más alejada de núcleos poblacionales, en particular urbanos, más fuerte será la comunidad, del mismo modo que su capacidad de agenciarse recursos propios, la situará en un grado de mayor cohesión y solidez.

Desde este mismo punto de vista sociológico, la comunidad puede ser entendida como una forma de sociabilidad especial, dada por un origen natural, étnico, espiritual o nacional de los miembros de un determinado conglomerado. En efecto, se trata de un grupo de personas ligadas por un conjunto de creaciones, representaciones colectivas, aspiraciones, necesidades e intereses que llegan a formar una unidad social localizada en un espacio. Una de las variables de mayor importancia al considerarla es el factor subjetivo. Así, para Georges Gurvitch, comunidad es la forma más equilibrada del Nosotros, es decir, de una colectividad difícil de descomponer en sus partes constitutivas y, en consecuencia, la más estable y equilibrada. De ahí que el ruso N. Berdiaeff la considere como la fraternidad real de las personas, en la que cada uno de sus miembros se transforma y sacrifica su individualidad en aras de ese bien superior que conscientemente ha abrazado y al que, en consecuencia, no puede permanecer ajeno.

3.- Identidad

El último de los conceptos claves manejados en la presente investigación es el de identidad, acerca del cual se ha formado un campo donde predomina la polémica. Así, para Gilberto Jiménez "la identidad supone por definición, el punto de vista subjetivo de los actores sociales acerca de su unidad y fronteras simbólicas; respecto a su relativa persistencia en el tiempo, así como en torno de su ubicación en el mundo, es decir, en el espacio social." Desde nuestro punto de vista, identidad remite a los conceptos de cultura de una etnia, comunidad, grupo social, pueblo o nación, en que el sujeto se reconoce en relación de pertenencia con el conglomerado social suyo, en tanto se diferencia con otras culturas que delimitan sus fronteras.

La identidad es mutable, se enriquece o transforma, incluso puede llegar a perderse por un proceso de globalización y de falta de memoria histórica. Los símbolos, la tradición oral, la cultura tradicional popular, el reconocimiento de la historia y la lucha por la soberanía e independencia son componentes consustanciales de lo que llamamos identidad nacional. La identidad nacional no es un resumen ni suma de identidades locales, sino más bien una asociación de estas identidades particulares, en términos que caractericen a los sujetos individuales y colectivos que se reconocen miembros de esa nación o Estado.

Por parecernos de máxima claridad y consistencia, nos apoyamos en la siguiente formulación del ensayista cubano Joel James:

"El concepto de identidad tiene pertinencia tanto para una definición de lo nacional, de lo cultural como de lo personal. En un intento de acercamiento al concepto, pudiéramos decir que por identidad debemos entender la conciencia de lo propio, que es decir, de aquellas especificidades que nos hacen diferentes. Esto significa que la identidad se da siempre en relación a otros diferentes que eventualmente pueden ser entidades contrarias. Tal es el caso de la identidad cultural y nacional cubana que se fragua por una voluntad independentista, primero frente a España y luego frente a Estados Unidos.

Sin olvidar la importancia de la naturaleza insular de Cuba, en la definición de una identidad tendríamos que detenernos en toda la importancia que merecen aspectos como:

1. La cultura tradicional popular

2. La memoria histórica común

3. Los sistemas simbólicos referenciales con capacidad de definición

En países que no reúnen las condiciones geográficas e históricas cubanas, es decir, multiétnicos, fronterizos, con pluralidad de lenguas, ¿resulta pertinente esta definición de identidad.

Es cosa precisamente a investigar".

II.-_ Identidades culturales locales en la región venezolana del Estado Falcón: Coro, la Sierra Coriana y Paraguaná.

Por José Millet*

A César Seco, poeta coriano.

En Paraguaná están los cobres; en Coro, el poder y aquí, en la sierra, las ideas. Por eso fue que a Dios se le ocurrió nacer en Cabure.

(Glosa de la idea del poeta Hugo Fernández Oviol)

Situados en el escenario de la región falconiana, en nuestro **Atlas etnográfico cultural del venezolano: capítulo Falcón** hablamos de identidades culturales, a pesar de que partimos del principio de la existencia de la *venezolanidad,* entendida como un conjunto de valores coherente y consistentemente establecidos en cada uno de los confines de la nación y más allá de cualquier determinación étnica, ancestral, territorial, local o comunitaria. Venezolano es el nativo poblador de estas tierras, comprendidas en la República Bolivariana de Venezuela, sus hijos en descendencia directa o indirecta; los negros descendientes de los africanos traídos aquí en condición de esclavos; los europeos y sus descendientes; los criollos resultantes de las mezclas entre todos estos pueblos, grupos y personas que concurrieron, se juntaron y han vivido o viven en el país. A cada uno de ellos se les reconoce, y respeta, su identidad propia, como también al "bravo pueblo", síntesis de la afluencia, el encuentro y el intercambio intenso y prolongado de todos ellos en este territorio prodigioso que llamamos Venezuela.

La noción de identidad tiene que ver con y remite al pasado- en tanto conjunto de acciones que aportaron pautas y marcas distintivas-, cuya onda llega al presente; y, en no menor medida, con el presente mismo, en que se siguen creando los rasgosy signos distintivos del "carácter nacional" del venezolano. Identidad es un proceso de formación continua de valores-o sea, cultura-a partir de lo creado por los sujetos que nos han precedido; proceso que sigue una dinámica difusa y escabrosa que debemos esforzarnos por aprehender, determinar en el conjunto y en la multiplicidad de sus entidades, y describir y explicar, apegados a la historia y a la realidad actual del conglomerado humano que tenemos enfrente y al que pertenecemos, por lo demás.

En el estudio de las identidades de un pueblo, región o comunidad, es preciso determinar los polos, mecanismos y batientes concretos en que esa dinámica local surgió, ha tenido lugar y se manifiesta.

No basta con el esfuerzo aplicado en cotejar estos polos y batientes, con colocarlos en un sistema y acomodarlos en un modelo. La realidad siempre desbordará la propuesta, por su riqueza y complejidad. Siguiendo el método experimental de la estocástica, a continuación sometemos a juicio algunas ideas, que deberán ser criticadas y puestas en duda para comprobar su consistencia. Tómese en cuenta, en todo caso, que estas ideas brotaron del estudio, la reflexión prolongada y la investigación de campo hechas en equipo; no son frutos de la nada ni de un acto de ficción.

En cuanto a nuestra región bajo estudio, los polos, históricamente establecidos y configurados por el sujeto colectivo, desde la conquista hasta el presente, comprenden, de un lado, Coro y su Puerto real de La Vela; y, del otro, Paraguaná. Sin embargo, según el sustantivo aporte del poeta cabureño Hugo Fernández Oviol, a estos dos polos debe añadírsele un tercero: la sierra coriana, que vendría a engendrar la determinación filosófica de la tesis, la antítesis y la síntesis, o las tres figuras míticas del hijo, el padre y el espíritu santo, si se le quiere enfocar desde un punto de vista místico. Cada uno de esos tres polos tiene su identidad propia, creada por las circunstancias de diversa índole que actuaron en cada momento en su aparición y desarrollo, como extremos opuestos, colocados casi diametralmente uno frente al otro, en tanto tal oposición no ha hecho si no reafirmar a cada cual en sus rasgos identitarios como unidad individual, con un margen considerable de libre actuación y autonomía. Nuestro aporte, mediante la presente indagación, deberá consistir en fijar esos rasgos, ubicarlos en cada unidad o polo y definir cómo funcionan para intentar describir, de un modo convincente en sus rasgos más característicos, qué   es lo coriano, lo serrano y lo paraguanero.

El "hallazgo" de la "tripolaridad" de la identidad regional falconiana nos debe llevar de la mano a responder la pregunta: ¿existe la falconía? o, ¿acaso la falconía consiste en la coexistencia de estos tres polos distintos con sus respectivas identidades culturales diferenciadas y, muy a menudo, contrapuestas? Siendo más amplios, en ella, por supuesto, deberán ser tomadas el conjunto de identidades locales y comunitarias, sin que la resultante pretendamos que sea su suma mecánica.

Habría que hacer una exploración también en los mecanismos comunicantes que actúan en la conformación y expresión de cada uno de estos tres polos identitarios. ¿Qué hay de rasgos comunes y de rasgos diferenciadores en cada uno de ellos y qué de carácter general en el conjunto- o sea, la región-- que ellos prefiguran y animan? De obrar así, estaríamos enfrentándonos al toro por su cuerno; es decir, al problema que nos hemos planteado, por el concepto, asaz espinoso, de la identidad que arropa a otras tantas en un mismo espacio. Adelanto la idea de que una identidad no es siempre una y la misma, sin posibilidad de mutación interna, de transformación drástica de una realidad inicial a otra distinta resultante de múltiples fuentes y agentes concurrentes. Identidad es, pues, en todo caso, un organismo vivo, un sujeto sometido a cambios continuos, como el propio sistema de valores del que emerge y en el que se sustenta, el que llamamos convencionalmente cultura. Es lo que podría estar sucediendo con la identidad coriana y, de igual modo, con la serrana y la paraguanera, que se han seguido "concreando" individualmente o influyéndose mutuamente, sin que lo hayamos percibido ni mucho menos estudiado suficientemente.

Resulta obligado formular algunas interrogantes para desbrozar el camino hacia el objeto principal de la presente reflexión. Inicialmente existió una definición de coriano que comprendía la región en que estaban asentados los pueblos originales de Venezuela con que se encontraron los europeos a su llegada. Leo en una obra memorable la siguiente definición del gentilicio: "Coriano se le dice a quien no naciendo en Coro, puede haber nacido en cualquier otra parte de Falcón". ¿Cómo fue el coriano ayer y cómo es el de hoy? En la mayoría de las ocasiones, los cambios en las sociedades humanas ocurren sin que lo podamos evitar, pero la previsión del agente que interviene en la dinámica política de la sociedad debe consistir en notificar acerca de lo que está sucediendo y alertar de lo que sucederá, más si es negativo, para evitar que el daño en el tejido social termine siendo irreversible. El sistema de alerta debe estar activado permanentemente; en la previsión del desastre, el hombre de ciencia, cuando es honesto y humanista, tiene mucho que aportar, por el alto sentido de responsabilidad social y porque se ajusta a la máxima de que estrategia es política y política es previsión, como bien señaló José Martí en su tiempo.

La cultura puede ser entendida también como un sistema de valores, de condición y alcances diversos, creado por una comunidad, en cada uno de cuyos valores simbólicos cada uno de los miembros de esa comunidad se siente representado y se reafirma. He preguntado a muchos venezolanos: ¿cuál es el elemento cultural que más lo identifica como venezolano? Y me han respondido, en un número significativo, que es el joropo. Situados en el escenario de Falcón- tanto en Coro, como en la sierra o en Paraguaná- la respuesta a esa misma pregunta no podría ser otra que el tambor coriano, el chivo con su arepa pelá y el cocuy.

En el escenario local, nunca será el joropo el referente simbólico inmediato de cualquiera de las tres sociedades que venimos analizando, por una razón básica: desde la perspectiva de la comunidad, los elementos que conforman su identidad se tejen en una tupida red para hacerlos más "vibrantes", cálidos y cercarnos que los elementos de otros territorios, aun cuando éstos sean los de mayor fuerza para conformar una identidad supra- comunitaria o supra- "localitaria"- si cabe esta última palabra para designar la reunión o confluencia de varias comunidades en un territorio compartido. Estos elementos primarios inmediatos conforman el tejido básico en que descansa y se nutre la identidad comunitaria, la cual, a través de su empleo continuo y prolongado, hace más próximos y motivados a cada uno de sus miembros. En un sistema de valores de mayor "cota"- digamos por caso, en primera instancia, la cultura regional y, un poco más allá, la nacional- se articulan otros tejidos que sirven de imprescindibles términos correlacionados , pero no con la intensidad de estos otros con los que le toca convivir a diario al parroquiano en el sitio donde vive: con la arepa pelá o pilá, acompañada de suero, al despertar; con la sopa o la caraota y el chivo al mediodía; con la urupagua, consumida en sitios muy distantes de la sierra, donde exclusivamente se cosecha, o el cocuy, que se bebe en numerosas ocasiones y eventos que van desde el embarazo, el parto, el nacimiento y el rito de las tres comidas cotidianas, hasta compartir en una fiesta o en parte de las honras fúnebres de un familiar o amigo.

Pero, como el *cocuy* en Curimagua y en otros sitios de la sierra o la ***urupagua***en Cabure; el sol que abraza las arenas de los médanos en Coro y el viento veloz que nos despeina en Punto Fijo, nacimos y hemos aprendido a convivir con muchos otros referentes figurados a la vez, como también en compañía del inteligente burrito y del eco ancestral de Las Turas, que nos viene del fondo de una cueva o de lo más intrincado del monte. Estos son los componentes simbólicos más connotados de las tres comunidades específicas que aquí bosquejamos, muy bien caracterizadas desde el punto de vista de su carácter, tradiciones y valores culturales- fondeadas en una región que, a lo largo de la historia, primero los colonialistas europeos,--- alemanes y españoles—y, más tarde, los representantes de la oligarquía criolla, o sea, los operadores políticos, los legisladores y los administradores pasados, denominaron de diversa forma, hasta definirla como el actual Estado Falcón, en el que las identidades coriana, serrana y paraguanera aprendieron a convivir en una relación tensa, pero sin dejar nunca de brillar con luz propia y de reconocerse mutuamente como diferenciadas.

Ex profeso omití el tambor al referirme al sistema productor de los símbolos que identifican a cada una de las tres comunidades y a la de la región en su conjunto, porque quiero llamar la atención acerca de este componente, perteneciente al polo opuesto al paraguanero, que sin embargo sería imposible dejar de tomar en cuenta al hablar de una identidad cultural supra comunitaria compartida. A todas luces parecería ocioso preguntarse por posible rechazo del paraguanero al tambor coriano como parte de su oposición a la identidad coriana de la que no participa o en la que no se siente incluido.

Muchos de los elementos simbólicos de la identidad regional mencionados, obran como la red compartida por los miembros de una comunidad supra-local que los integra como parte de una dotación étnica, ancestral y espiritual que los cobija a todos, con diferente peso y capacidad de maniobrabilidad, ciertamente. Para el paraguanero, el tambor, omitido, es un referente más ajeno a su comunidad, que apenas lo hace vibrar con su toque y lo siente como menos propio y como situado en una constelación de estrellas que lo envuelve y da luz, sin derramar encima de su cuerpo el polvo sideral. Apreciamos muy bien a quienes valoran y saben bailar al ritmo del tambor; pero nunca llegaremos a danzar como lo hicieron en el pasado la comunidad de los negros loangos que lo introdujeron a través del mar, sus descendientes directos y quienes llevan consigo su herencia, sobre todo aquí en Coro-La Vela y también en la sierra coriana.

Creo que, al escuchar el tambor, la ausencia del característico estremecimiento, en el tono e intensidad propios del coriano-loango, que percibimos en el paraguanero, es multicausal y fue provocada por la disposición espacial del campesino paraguanero, vinculado a la tierra a través del hato y a la actividad marítima en su circunstancia de costeño o de isleño, si tomamos en cuenta que la Península donde vive está separada de Coro; bastante alejado del sistema plantacionista que existió en el eje Coro-la sierra coriana, donde fue empleada la mano de obra del africano sometido a la explotación esclavista de los terratenientes.

El modo de producción capitalista con mano de obra esclava empleada en la plantación, influyó decisivamente en la configuración de rasgos psicológicos y de valores diferentes en cada uno de los tres polos de que se compone la identidad regional de Falcón. Lo acontecido en Coro, culturalmente hablando, debe analizarse a la luz de la presencia omnipotente de la administración europea---primero de los teutones Welser y luego de los españoles—y del gobierno nativo que respondía a los intereses de la oligarquía latifundista, dueña de casi todas las tierras entonces existentes. En este escenario citadino local se impuso, pues, la cultura de la clase dominante, por lo que los espacios para que se manifestaran las tradiciones espirituales del pueblo, con cierto nivel de libertad, tuvieron siempre un carácter marginal o fueron sometidos a diversos y complejos mecanismo de control y de represión. Como hemos referido en nuestro libro *La Guinea, barrio afrocaribeño de Coro* (2007), esta represión de la cultura tradicional popular de los barrios corianos se extendió hasta bien adentrado el siglo XX y sólo hoy puede afirmarse, con toda propiedad, que existen márgenes de absoluta libertad para que aquélla se exprese con plena espontaneidad. No obstante las circunstancias tan difíciles que acabamos de tratar, durante mucho tiempo en Coro el barro ha convivido en diálogo con el tambor y el chivo, acompañados de arepa pelá o pilá; mientras que en Churuguara la salve hablaba el lenguaje de la tamborita serrana y en Paraguaná el corocoro estremecía al pescador artesanal con su canto que brotaba del fondo del mar, en tertulia amena con el viento que estremece el cují y destrenza sus greñas.

¿Qué es lo esencial diferenciante entre cada una de estas tres identidades culturales encontradas? El modo peculiar de vincularse, cada miembro de las comunidades, con el elemento simbólico de la naturaleza que mejor lo representa: el barro, al coriano; el maíz, con sus totémicas Turas, en su nicho humano conuquero, al serrano y el viento que agita al cují, en medio de la tórrida reverberación solar en la que se transparenta la cabra, característica del paisaje rural, al paraguanero. Asimismo, en no menor propiedad, medida y juicio, lo es con respecto al sistema de producción material en que, cada uno de estos polos, está anclado y del que depende la vida de sus habitantes: la huerta para el coriano; el conuco para el serrano y el hato para el paraguanero. Cada uno de estos sistemas genera un sistema de valores específico en el que se asienta cada una de las tres identidades que estamos glosando.

Ilustremos lo nuestra afirmación con el rasgo psicológico que observamos en el comportamiento de la gente situada en su espacio y en su relación con el sistema productivo que le atañe. La huerta es casi la prolongación de la casa de vivienda en razón de que, prácticamente, se encuentra a su alrededor y puede reconocerse como penetrando en su interior; el conuco es casi el patio de la vivienda, al alcance de la mano de la mujer que lo vigila y toma de él las vituallas como las de una despensa…mientras que el hato sugiere el espacio que se prolonga en el espacio hacia un horizonte situado más allá del contorno de las inmediateces domésticas. El hortelano mira hacia su interior e, incluso, permanece en su casa de vivienda durante el mayor tiempo posible, y apenas se asoma a través de su postigo en contadas horas del día. El conuquero tiene un gesto hacia el interior, pero es menos introspectivo que el habitante de las huertas, hasta el punto de que, el trabajo solidario que realiza en colectivo, lo obliga a la comunicación afectiva y a la tertulia; mientras que en el hatero la mirada es casi completamente dirigida hacia el exterior, digamos mirando a la inmensidad del mar por donde se prolonga el camino de las relaciones económicas con un espacio situado más allá del horizonte. En el hombre del huerto hay en su interior una huerta familiar a la que dedicarse con bastante rigor de recogimiento; en el del conuco está la vocación más bien del compartir y el del trabajo colectivo, mientras que el del hato predomina la actitud propia del comercio.

Para explicar el juego de estos extremos, justamente es preciso conocer cómo es y cómo se relaciona cada quien con el otro. La personalidad del coriano puede ser vista como la del introvertido, el huraño y retraído, debido en gran medida a la represión cultural ejercida por las autoridades coloniales, en particular a través de la Iglesia católica, institución ideológica a la que siempre se ha debido obedecer como a los dogmas religiosos. Basta levantar la vista para visualizar su presencia en cada esquina de la ciudad, delimitada a escuadra, a partir de la división en parroquias, con el fin de que sus habitantes se mantuvieran atados a las instrucciones y al pensar propio de una mentalidad aldeana o parroquial. La huerta contribuyó a acomodar en grado extremo el movimiento del coriano, que lo tenía todo al alcance de la mano y, cuando le faltaban las vituallas, se las ingeniaría para obtenerla de la sierra. Asimismo, la casa de barro, con su intimidad y frescor aludido y sus hamacas amarradas en las alcayatas, este ambiente de fuerte sabor aldeano condicionó la actitud acomodaticia proverbial del coriano.

No será difícil comprender el tipo de personalidad propio del peninsular, fruto de su situación costera y, por tanto, de su contacto permanente con el mar. El paraguanero ha sido siempre extrovertido, abierto siempre al intercambio y a la incorporación de los nutrientes de pensamiento y de savia más disímiles, en lo que respecta a actitud creadora, provenientes de los puntos más distantes del planeta. Esta amplitud de mente, disposición anímica y actitud de aceptación de nuevos contenidos y formas en que expresarse, es lo que explica la actitud rebelde y libre de muchos de los hijos de Paraguaná, capaz de haber parido a la heroína Josefa

Camejo, la única mujer que encabezó el movimiento por la independencia cuando la lógica de la historia y los factores se habían acomodado de tal modo que resultaba casi impensable tomar alguna actitud que favoreciera la revolución. El paraguanero, rompiendo los vínculos que lo ataban al hato y a los intereses del grupo social al que pertenecido, resulta así la antítesis de la actitud conservadora del coriano.

Yo defino al serrano como la síntesis de los componentes dispares más importantes de los dos extremos anteriores, por varios motivos que vamos a intentar delinear a continuación. En primer término hay que considerar la excepcional situación geográfica en que están emplazadas estas comunidades de montaña, alejadas del centro de poder administrativo, de la civilización (léase de los centro de poder político y religioso) y, por ello, más cercanas al cielo que a Dios. La sierra fue refugio para la población aborigen que intentó escapar a las matanzas de los conquistadores europeos y espacio adonde luego fueron a alojarse los africanos que huyeron del horrendo sistema de la esclavitud a la que los habían sometido los cultísimos cristianos del Viejo Continente en las islas del Caribe y en Tierra Firme.

De modo que fue allí, en el mismo espacio que fueron levantados muchos de los imbatibles palenques, integrados por los rebeldes indígenas y los no menos insubordinados africanos, donde se gestarían los valores esenciales de la libertad y la independencia, mucho antes de que lo inventaran los criollos, hijos de los europeos nacidos en estas tierras, educados en las mejores escuelas y en las universidades de los más avanzados países. Ideas propias y actitudes de resistencia y de rebeldía moldearon la mentalidad del serrano, y es lo que explica que en la hacienda de Macanillas, de Curimagua, se haya desencadeno la más importante insurrección el 10 de mayo de 1795, encabezada por el mestizo José Leonardo Chirino, secundado por esclavos negros y mulatos conuqueros—libres, como él-- y por los loangos de La Guinea-Curazaito, en Coro, capitaneados por el curazoleño José Caridad González. Como colofón, en la década de los sesenta estas montañas fueron el escenario de la lucha armada desarrollada por la guerrilla guevarista en contra del ejército de la oligarquía que había traicionado la democracia debutante en 1958 con el derrumbamiento de la dictadura de Pérez Jiménez.

Retomemos la relación de la identidad cultural con el sistema productivo. El conuco le aporta al serrano los nutrientes básicos para la existencia de una mentalidad sumamente diferente de las mentalidades de los dos restantes, en tanto le permite asumir un distanciamiento crítico, aceptar lo positivo de cada cual, sin comprometerse ni involucrarse totalmente con sus particulares visiones del mundo ni ninguna actitud social. Los márgenes de relativa holgura económica lleva a la población serrana a no depender de la economía centralista de los asentamientos urbanos, por lo que pronto se plantea la urgencia de lograr la imprescindible autosuficiencia en cuanto a la producción de los bienes materiales que garanticen la existencia en condiciones aceptables. Estas condiciones nos explican mejor por qué el curazoleño José Caridad Gonzélz fue capaz de reclamar la propiedad de las tierras donde habían laborado los esclavos loangos provenientes de las cercanas islas del Reino Unido de los Países Bajos u Holanda, caso que él supo llevar incluso a las cortes españoles, donde aceptaron sus reclamos.

A esta diversidad de identidades debe añadirse el batiente del petróleo, que transformó la dinámica poblacional de la región en su conjunto e introdujo nuevos mecanismos que deben ser tomados en cuenta en el análisis de la cultura como sistema productor de símbolos identificadores de las comunidades y del hombre en su sitio específico de vida. Junto a la cultura tradicional-- con sus batientes amerindios o indígenas ancestrales--, convive en la región falconiana la "cultura del petróleo" representada ejemplarmente por la "maquila" enloquecedora que es Punto Fijo. Cualquier enfoque que, por algún motivo o interés distantes del ajuste con la verdad, prescinda del juego de estos dos factores productores de símbolos de signos opuestos, está condenado a caer desde su misma base por falta del reflejo de esta realidad en la que nos hemos habituado a convivir, afrontando riesgos extremos.

Punto Fijo es, en efecto, un microcosmos que bien pudiera ofrecer una "cápsula" para entender y valorar mejor lo acontecido en la Venezuela de las últimas décadas. Su nombre lo tomaron de la quinta perteneciente a Rafael Calderas. Este enclave urbano ha sido el espacio donde drenaron sus aguas varios de los proyectos de país, con que operaron los partidos políticos COPEI y AD, en los alternados repartos de poder, coincidentes con los períodos de gobierno sucedidos de 1958 hasta 1998.

Otras interrogantes nos asaltan en el camino y deberán ir apareciendo mientras avanzamos en la elaboración de nuestro *Atlas,* a las cuales deberemos esforzarnos, asimismo, por atender.

Por otra parte, debe corregirse el desatino de no tomar en cuenta el carácter multinacional de Venezuela. Hasta para los operadores políticos y las políticas gubernamentales, tal error puede acarrear consecuencias desastrosas. Muchos hijos de numerosas naciones convergieron en los campos petroleros no sólo para trabajar y dejar su marca con asentamientos humanos visibles en pueblos y ciudades, si no en la construcción de la familia venezolana contemporánea. Se instalaron en Paraguaná para aportar, también, su savia y enriquecer la espiritualidad del venezolano. Con propiedad, y cierto orgullo, en la Península se habla de las fronteras extensas de Falcón con el Caribe y otros países de la región, así como de un espíritu ecuménico que exalta, en grado sumo, la identidad del paraguanero.

Mas, ¿qué determina ser paraguanero: haber nacido en Paraguaná o haber vivido toda una vida en algún punto de la Península? ¿Es acaso el paraguanero un ser cosmopolita fruto dado, en considerable medida, por el choque entre el núcleo sustantivo de lo tradicional con los fuertes e influyentes batientes de lo contemporáneo? A no dudarlo, este choque frontal entre ambos núcleos contrapuestos ha mellado y desdibujado su filo cortante, trayendo consecuencias que es preciso estudiar al interior de estos dos polos en conflicto: me refiero al coriano y al paraguanero, por supuesto. El hombre del petróleo acarreó la sociedad de mentalidad rentista, desarraigada y dada al consumo nervioso y exagerado de bienes perecederos que esa sociedad comercia. Atrás quedó el hato, con su tiempo apacible y su quietud hogareña, con tardes tranquilas de juegos de mesa entre las distendidas damas del agro paraguanero.

Aquella identidad inicial dio paso a esta otra cosmopolita representada por el habitante de Punto Fijo, propia de un ser conectado con el puerto de mar y el intercambio en los pueblos vecinos del Caribe y del planeta, abierto a todo tipo de influencia externa, aún de aquellas que atentan contra el núcleo de lo tradicional que el sujeto colectivo se esfuerza por conservar en muchos sitios de la geografía. Este ser que acepta escuchar una Sinfonía de Beethoven, ¿aceptaría, con el mismo gusto y entrega, alguna expresión de la cultura tradicional creada por las clases populares? ¿Aceptaría un concierto de tambor coriano?

La identidad coriana - loango deberá entenderse como comunidad de elementos simbólicos producidos por otras circunstancias y modo de producción específicos. La identidad del coriano puede interpretarse mejor cuando la asociamos con las huertas corianas, en las que convergieron los recursos naturales con que ella se "cocinaría". La naturaleza circundante aportó los dos elementos primordiales que garantizaron, durante mucho tiempo, la existencia humana en esta comunidad: la tierra y el agua, en base a los cuales derivaron desde entonces otros "subproductos" importantes concurrentes en una particular autodefinición y concreción del hombre.

El agua que bajaba por cañerías desde Caujarao a Coro aportó el frescor con que el coriano suele regocijarse a determinadas horas del día y aliviar el rigor de un clima semidesértico que golpea al foráneo; pero también esa agua sería usada en los*pozos de barro* con que se ha obtenido siempre aquí esa materia prima para la fabricación de inmuebles, muros, vasijas cocidas e incluso ingredientes para guisar un plato muy poco conocido: el *cují pilao.*

La huerta propiciaba el encuentro de la tierra con el agua, desde el que brotaba el barro. Las casas de barro embutido, de varillas de cañizo o las otras de adobe, forman parte de la heráldica de la corianidad loanga. Quien no la reconozca, está "raspao "en la materia Gentilicio de la venezolanidad. La huerta es a la corianidad como el barro a una identidad regional que algunos definen como falconía, aunque la apreciamos, a la luz del sol presente, en pleno proceso de formación.

La casa de barro proporcionará el frescor en que el coriano se regocija. El barro impide la penetración del bravo sol y, en "recompensa", permite la circulación de aire en el interior de la vivienda, además de transpirar humedad por sus poros. De ahí la invitación, siempre aceptada por el coriano, de colgar el chinchorro para "tumbarse" en él "como Dios manda". Coro sin barro, cocuy ni "enchinchorramiento", simplemente no es Coro. Así de simple es la ecuación de la corianidad. Y nos aclara la propia corianidad que entre estos tres elementos simbólicos debe existir predominio de uno sobre el otro o los otros.

Pero sería incompleta si en esta ecuación omitimos el chivo y la arepa de maíz, no del bagazo industrial que llaman "harina pan". Coro sin su sancocho de chivo dominical, arepa con suero o nata de leche de cabra en el desayuno y su cocuy pecayero, tampoco sería Coro. En las huertas corianas todavía está anclado el corral de chivo y de su tierra está brotando el grano para hacer las imprescindible "caraotas del lunes", que tanto define el ritmo del coriano, marcado por el reloj gastronómico estrictamente local.

El capitalismo brutal atacó furibundo la cultura del conuco en toda Venezuela y el Caribe; y en Coro hizo desaparecer la "huerta coriana", con los referentes simbólicos que ahora nos toca recuperar y colocar en primer plano. Afortunadamente, el coriano es un sujeto con gran capacidad de resistencia, lo que ha permitido que muchos de sus valores hayan podido mantenerse ilesos, y que en otros el deterioro no haya conducido a su irremediable desaparición.

El deterioro y las pérdidas, en el arsenal identitario, no obstante, son considerables. Piénsese si no en los saberes asociados al barro, prácticamente en proceso de extinción, como hemos reportado a través de diversos medios, especialmente por Internet. Aquellos y los presentes comentarios en el pórtico de nuestro *Atlas*, deben ser tomados como lo que son, sin tapujos ni curitas de mercuro cromo: tajantes S.O.S. para quien quiera oír y alertar a la gente para emprender acciones inmediatas y efectivas que contrarresten el descalabro medioambiental a que conduce la destructiva industria del "cemento y la cabilla". Quien quiera ver, que vea con sus propios ojos las casi a diario caídas de las casas de torta, de bahareque y de adobe que tanto contribuyeron a crear los ambientes humanos tan característicos del "Coro de ayer".

¿Qué hizo el coriano para preservar muchas de sus tradiciones en quiebra por la desaparición de sus huertas? Mantuvo canales secretos con La Sierra coriana, de donde siguió proveyéndose de recursos y de materias primas para seguir elaborando la arepa y el sancocho. Hoy existe la sopa de gallina, pero desapareció casi totalmente el mondongo de chivo, y se puede comer la arepa pelá en pocos sitios de Coro. El fogón coriano de barro y leña ya no existe; la gastronomía típica escapó del paisaje.

¿Qué debemos hacer para enfrentar esta situación crítica resumida en la desaparición de tantos referentes simbólicos juntos del imaginario colectivo tan rico que ha preservado la corianidad? Necesitamos poner en práctica un programa ajustado a la estrategia nacional de recuperación de las expresiones de la cultura tradicional popular en situación desventajosa o expuesta a sufrir la agresión y la acción desnacionalizante de la cultura neoliberal globalizadora. El programa debe hallar concreción en acciones inmediatas, a nivel de las comunidades, localidades y región falconiana en su conjunto, dirigidas a llamar la atención acerca del contexto y situación particular de las que debemos declarar "culturas en riesgo de desaparición". En su ejecución, las artes escénicas, con obras elaboradas cuidadosamente por dramaturgos y corógrafos seleccionados, puede ser lo más efectivo para despertar la "conciencia comunitaria". No hay que esperar por programas nacionales; todo lo contrario: los programas nacionales deben prepararse a partir del "menú" de los planteamientos de los vecinos de cada asentamiento humano, situados en lo más profundo de la geografía venezolana. Así estaremos siguiendo la lógica de la inversión del poder propuesta por el Presidente Chávez: ¡Todo el Poder para el Pueblo, los recursos de la nación en manos de las comunidades ¡. Tal vez nos permitan hacer algún aporte a esta lucha frontal contra los demonios de la burocracia, desde las humildes páginas de nuestro ***Atlas Etnográfico del venezolano: Capítulo Falcón.***

En respuesta al llamado a que nuestra obra sea una creación colectiva, hasta el presente hemos recibido adhesiones efectivas, como las de la Gerencia Regional de INE y de la Fundación para los Telecentros Educativos comunitarios (FUNDATEC), esta última encargada de elaborar un multimedia con fines educativos y de colocar nuestro *Atlas* en la web como base de datos. Siguiendo un mandato claramente establecido desde el arranque de este proyecto en el 2007, hemos hecho un llamado a través de todos los medios de comunicación masiva, incluida la web y en ella You Tube, a todas las instituciones y personalidades científicas, académicas y de la cultura asentadas en Falcón para que aporten sus colaboraciones en forma de producciones intelectuales, publicadas o no para el *Atlas....* Somos pacientes, nuestra obra es una base de datos abierta a la permanente incorporación de elementos nuevos, por lo que estamos convencidos de que, al igual que lo acaban de hacer los humildes campesinos tureros de la comunidad de San Pedro de Mapararí, algún día estos letrados decidirán colaborar.

Coro, ciudad Patrimonio de la Humanidad, junio 11.2008.

*José Millet es un escritor cubano radicado en Coro, capital del Estado Falcón, donde fundó y dirigió el Centro de Investigaciones Socioculturales, del Instituto de Cultura del Estado, y editor del **Atlas Etnográfico Cultural del Estado Falcón-Venezuela y el Caribe. (milletjb2007 gmail.com)**

2.-5.-1 La urupagua y los urupagüeños

Al inquieto amigo "Lelo" y su serrana familia de Cabure.

Por José Millet*

Hemos visitado innumerables veces el poblado serrano de Cabure, emblemático ayer por ser centro de la guerrilla guevarista de la década de los 60, centro de resistencia y rebeldía desde la época colonial y espacio siempre lleno de encantos por su gente, firme e inteligente, capaz de convivir con leyendas y pensamientos míticos en la naturaleza habitual de la vida rural y del trabajo agrícola.

Muchos motivos nos arrastran a ir una y otra vez a Cabure. Ninguno, fuera de la amistad, tan potente como ir detrás de la urupagua, tanto del árbol misterioso que produce este fruto, "exótico" para el venezolano común, como de todo el entramado espiritual y erótico escondido detrás de un producto amargo y dulce a la vez.

La urupagua está rodeada de las criaturas misteriosas que pueblan la mentalidad del cabureño. Los enigmáticos ojos de agua están asociados a los duendes que conviven con los lugareños. Uno de éstos nos dice: "enano es Usted; nosotros somos duendes". Este pensamiento patrimonial, que bordea el mito y la leyenda, se ha ido contaminando con las creencias judeo-cristianas impuestas por la iglesia católica, instrumento ideológico de dominio que el colonialismo europeo implantó en nuestro mestizo continente americano.

Se le adjudica el calificativo de salvaje al niño sin bautizar, por tanto, esta es la causa de su inclinación a ser envueltos por este "mundo encantado". Así los niños salvajes , cuando van o visitan las fuentes de agua, quedan encantados, según el padre de Víctor, de la cabureña posada "El Duende". Tampoco pueden llevar prendas consigo, porque los duendes se encargan de despojarlos de ellas o de robárselas.

Para ahuyentarlos, la gente se pone a hacer necesidades fisiológicas, y a los niños se les manda a comer cerca de los excusados.

Hábitat de duendes

Los duendes acechan en los nacimientos de agua viva, como los pozos. Descalzos, con sombreros enormes en sus cabezas, con colores amarillos que algunos asocian con el oro . . . resultan interlocutores permanentes del serrano que habita en un espacio compartido con absoluta naturalidad. No hay sentido teñido de magia ni mucho menos de creencias en seres sobrenaturales. Se convive con ellos como con los animales y plantas.

Alejados del "Ojo de Dios", los duendes hablan el mismo lenguaje de los cabureños, el mismo que nos colocó en la oreja la tierra y la naturaleza en su conjunto.

Los urupagüeños.

Nanda elabora la comida criolla que nos fascina a los venezolanos. Elia lava la ropa, Urbano cultiva el conuco, Manolito marcha a lomo de los burros por los parajes serranos. Félix toca el cuatro y desgrana el maíz con que las manos cuecen la arepa cabureña, Lelo nos regala el gracejo inconfundible del serrano. Elia nos dice. . . "vengo de los urupaguales".

Emprendo la marcha rumbo a los urupaguales. Salimos temprano, antes de la alborada. Tenemos que escalar la montaña, evadir riscos e hirientes espinas. También tener el cuidado de no tropezar con ninguna culebra, mapanare, arañas venenosas o alacranes henchidos de ponzoña. Me colocan en la mano una vara- el palo o báculo del peregrino, una vez más¡ – para ir pisando firme, investigando con su punta que se afinca en el suelo, muchas veces tapizado de hojas caídas de los árboles que nublan los rayos del sol. El palo se usa para tantear el terreno, en el que hay que evitar los haitones, huecos verticales de 1 metro de diámetro, que se abren a nuestros pies con la tentación de los abismos mortales.

A los haitones no los asocian con accidentes, sino con peligros. Para los urupagüeños son parte de su hábitat, en el que se mueven con seguridad, no exenta del necesario cuidado. El grito se pierde en la profundidad de estos huecos insondables. El duende se llevó a la comadre Josefa y ahora tendrán que esperar 7 años. Llaman a su madrina de agua. Búsqueda infructuosa. Nos dicen,:"cosa de urupagüeño ¡que se lo achaquen al peligro¡".

El palo se emplea realmente en la búsqueda de la urupagua, oculta en lo más intrincado de la montaña. La urupagua no se puede tumbar, porque si se tumba en las copas del árbol . . . cuando se elabore artesanalmente, ese fruto no entrará nunca en sazón. La cosecha, pues, hay que realizarla entre los urupaguales, donde se oculta luego de caer desde lo alto de las ramas. Hay que recogerla en la tierra.

El gusto con que se come se incrementa por el esfuerzo invertido en su búsqueda. Nunca la urupagua será amarga para quien sabe que el trabajo y el valor empleados en obtenerla tienen que ser recompensados en su degustación risueña.

La búsqueda entre los urupaguales se hace con el palo. Su acarreo, al regreso, en un canasto tejido con bejucos por las manos del urupagüeño. Encima de la cabeza llevan el canasto, con sus sueños y la esperanza de una buena cosecha. Nuevamente bordeando riscos y peligros de fatales caídas, a lo largo de senderos sinuosos y empinadas montañas.

La urupagua aligera la carga, hace olvidar el temor al peligro. Su canto desde el canasto le pone a vibrar el corazón al urupagüeño, rumbo a casa. Ahuyenta tigres, pone bríos a los pies, ritmo al cuerpo. Vamos bajando con el frescor del abril húmedo o el mayo de las flores. La fiesta de la urupagua es su cosecha.

La fiesta de la urupagua no ha terminado. El ánimo con que se subió al urupagual, la alegría de lo recogido y el regreso victorioso acompañan a la urupagua en el canasto, que, al llegar a casa, se coloca debajo del catre, en la humilde vivienda de la mujer urupagueña. El misterio nos sigue rondando, ¿ será que la urupagua es un duende?.

Espera en la noche, hasta la llegada de la segunda luna en menguante. Se prende el fogón de leña, se coloca encima la lata con agua. Observo sorprendido una atmósfera alegre que invade la casa de bahareque. La muchacha viste una falda floreada y trae la canasta con las urupaguas. Me susurran al oído: "No trae pantaletas". Minutos después, las urupaguas bullen entre las aguas, danzan en medio del fuego y de las brasas que parecen guiñarnos el ojo. La muchacha, sin pantaletas, cruza por encima de la lata tres veces, primero en una dirección y luego en la otra, en sentido contrario.

Se cierra así un ciclo productivo que comenzó con la marcha hacia el urupagual, se continuó con la cosecha a punta de palo entre las piedras que rodean estos misteriosos árboles, el traslado en canasto colocado encima de la cabeza, la vigilia debajo del catre de la urupagüeña – la verdadera cosechadora del fruto-- y ahora con este rito de naturaleza abiertamente sexual que interpretamos así: la muchacha abre su sexo porque de lo contrario "la urupagua no abre", es decir, no se ablanda ni adquiere el punto deseado por el caburense, que lo devora con el placer de otros frutos no menos apetecibles.

Coro, 05/06/2008.

*Escritor, investigador. Fue Director-fundador del Centro de Investigaciones socioculturales del Instituto de Cultura del Estado Falcón, que produce el Atlas Etnográfico de la cultura venezolana. Estado Falcón-Venezuela. Email: milletjb2007@gmail.com
Nota: Un kilogramo de urupagua cuesta 30 mil bolívares, en época de cosecha; luego baja su precio a 25-20 mil, hasta llegar a 6 mil.

2.-6 Memorias del barro, Coro y su Puerto de La Vela. Patrimonio de la Huma

Coro-La Vela, Patrimonio de la Humanidad de la UNESCO: memorias del barro.

Venezuela, 2016.

José Millet

Autor-editor

Ediciones Fundación Casa del Caribe, Los Teques, Venezuela, 2016.

Millet Batista, José. Cuba, 1949- (Autor-editor)

Coro-La Vela, Patrimonio de la Humanidad de la UNESCO: **memorias del barro**. Venezuela, 2016.

En colaboración la TSU Enna Zavala, TSU Enzio Provenzano, Lic. Oscar Lázaro y Lic. Mario Aular Chirinos.

Incluye **Bibliografía** (p.___)

Número de Depósito Legal: MI2016000362

ISBN

1.- Coro-historia, cultura y arquitectura en barro

2.- La Vela- Coro-historia, cultura y arquitectura en barro

3.- Venezuela-pueblos y tradiciones culturales

4.- Venezuela- Curazao-Relaciones culturales

5.- Venezuela-Caribe-Historia y etnografía

I.- Millet, José   II.- Título

Dedicado a los pueblos originarios de Venezuela, que nos legaron el Patrimonio más bello con que puede contar un ser humano: el de la calidez y hospitalidad que se aprecia en su respeto por la Naturaleza y en su hábitat acogedor.

INDICE

IV- PROCESOS PRODUCTIVOS

Presentación

Con la presente publicación, ofrecemos el testimonio de los más importantes Maestros del barro de Coro y su Puerto Real de La Vela, ciudades incluidas por la UNESCO en su Lista de Patrimonio de la Humana, precisamente, por los saberes asociados a este material y a su empleo en sus edificaciones más emblemáticas de arquitectura civil. A partir de esa valiosísima información obtenida mediante entrevistas y observaciones de campo realizadas en diferentes situaciones en que los hemos visto actuar en diversos escenarios, tanto públicos como privados, hemos construido el presente documento que cuenta la historia de muchas casas levantadas, reconstruidas o mantenidas mediante conocimientos ancestrales, técnicas y métodos que garantizan su preservación y transmisión a las presentes y futuras generaciones de venezolanos. Estamos conscientes de que han quedado fuera de este texto muchos otros que, con igual valor, estamos obligados a incorporarlos en ulteriores entregas. Quedamos en deuda con quienes nos han ofrecido sus testimonios los que hemos registrado en nuestras libretas de investigación de campo y en ocasiones grabado a fin de usarlos en otras publicaciones. Este rico material es acompañado de los procesos productivos de elaboración de bloques de adobe y de bahareque, así como el la celebración del único carnaval del barro que se realiza anualmente en la ciudad portuaria de Cumarebo. Finalmente, ofrecemos una visión a la vida cotidiana de algunos de estos artesanos, a quienes agradecemos nos hayan permitido compartir su intimidad a fin de estudiar el uso del tiempo y la recreación durante la semana.

Lic. José Millet
Presidente de la Fundación Casa del Caribe,

MEMORIAS DEL BARRO:

Coro y La Vela, asentamientos urbanos del Estado Falcón-Venezuela.

Por José Millet

¿Hombre del barro?

I.- Lengua de barro: la historia contada por las casas.

El barro se asocia casi siempre con un material útil empleado en la construcción. En efecto, lo es, pero su alcance desborda el cauce de las edificaciones hechas con él para abarcar la vida humana en su conjunto: con barro no sólo se edifican casas de vivienda, en las que se coloca una variedad muy numerosa de objetos elaborados también con él, como la cacharrería que incluye platos, cucharas y tinajas donde se alberga agua que se mantiene a temperaturas muy bajas, que sabemos disfrutar quienes vivimos en territorios áridos como éste de Curiana y sus alrededores, llanos, serranos o costeros. Asimismo, son elaboradas las construcciones auxiliares que en ocasiones son extensión de la vivienda o situadas fuera de ella para cubrir necesidades, como las de albergar útiles domésticos, instrumentos de trabajo, animales de corral o frutos de alguna cosecha. Sería de interés para el público que lee nuestros trabajos conocer que hay platos que se elaboran con barro, con gratificaciones de alto nivel, como el confeccionado por la señora Betty Sánchez, en el mirandino poblado de Mitare. Y esto para no salirnos de la ecología humana, no exenta de relación con especies de animales, como esta de los pájaros que construyen sus nidos, es decir, su hogar para regenerar su especie y criar sus hijos con el material que nos ocupa.

El barro alcanza espacios simbólicos en ocasiones impensados y mucho más inexplorados, como el del comportamiento festivo propio del caribeño, donde se pueden mostrar casos de la importancia de los pueblos brasileño, de Trinidad Tobago y de la propia Cuba, por citar algunos de interés mundial. En Trinidad se conserva la tradición, que se remonta al siglo XVIII, de embadurnarse los cuerpos con este material para desplegar el jolgorio, a imitación de lo que hacían los antiguos amos o dueños de la plantaciones de azúcar con la melaza, disfrazándose incluso de esclavos. Pero en ninguno de estos países, que sepamos, tiene lugar un "carnaval del barro", como se realiza en el poblado marino Puerto Cumarebo, del Municipio Zamora ubicado en el Estado Falcón. En él son elegidos y proclamados el rey, la reina y sus acompañantes, en el corazón del propio barrio creador de esta manifestación recreativa que lo ha sabido preservar a pesar de muchas circunstancias adversas. Luego de presentados los "soberanos", arranca la música interpretada por agrupaciones y la fiesta se prolonga hasta que alcancen las energías de los vecinos.

Resulta muy importante para los estudios etnográficos disponer de una información preliminar en torno a la vida cotidiana de personas situadas en lugares prominentes de los procesos socioculturales objeto de interés científico. Es el caso de los diagramas incluidos aquí, que registran lo manifestado por los Maestros artesanos Jesús Chucho Coello y Jesús Chucho Morillo, con quienes hemos establecido una relación muy dinámica que nos ha permitido un acercamiento a sus vidas que en algún momento deberá ser completado para que sirva de antecedente útil a futuras investigaciones. Igual lo es la completada al veleño Luis Morales por Carolina y Norely, estudiantes del grado Técnico Superior Universitaria (TSU) de la carrera de turismo de la Universidad de las Fuerzas Armadas (UNEFA) que hicieron su pasantía en nuestro Centro de Investigaciones.

En cuanto a este último asunto, queremos llamar la atención que detrás o dentro del barro está la presencia del hombre, sus manos y cuerpo moviéndose al unísono de su mente en la dirección del conocimiento, el ejercicio de sus habilidades manuales y físicas en general, así como en la aplicación de saberes relacionados con el influjo de los planetas en el ámbito de la Naturaleza en que se desenvuelve y, en primerísimo lugar, de los elementos de ésta, sus cualidades y relaciones, indispensable para su empleo óptimo desde el punto de vista económico y social. Es decir, nos estamos centrando en el espacio de la subjetividad propia de los seres humanos, la que le permite aplicar o adaptar el legado heredado de las generaciones precedentes. Por eso he escrito y discutido en varios escenarios situados en diversos sitios de la geografía venezolana, lo impropio e incorrecto que sigue siendo referirse al barro como mero material de construir casas. Donde estoy parado, la ciudad de Coro y su puerto real de La Vela, son Patrimonio de la Humanidad porque el barro distingue al coriano más allá de cualquier otro gentilicio de la venezonalidad por su relación orgánica, creadora y duradera con el barro, sus cualidades y potencialidades, llevadas a un uso tan particular que hace de la corianidad una de las identidades culturales mejor definidas, consistentes y atractivas de cuantas he conocido en mi azaroso peregrinar por el mundo caribeño. Ideas como ésta deben ser sometidas a discusión y cuando sustentan hipótesis, suficientemente respaldadas con evidencias consistentes.

En marzo del año 2005, asumí el cargo de Jefe del Centro de Investigaciones Socioculturales en el **Instituto de Cultura del Estado Falcón**. A partir de ese instante, tomé conciencia de que me enfrentaba a una tarea a la que debía hacer frente en el rango de máxima prioridad: la de saber por qué la UNESCO había inscripto estos dos "enclaves" en su famosa lista patrimonial mundial y cuál era su verdadera situación actual. La indiferencia de muchos corianos y hasta incluso su rechazo a las casas de barro, el deterioro y el derrumbe sistemático de éstas me indicaban a las claras que desde nuestras obligaciones como entes públicos se trataba de una responsabilidad estar preparados para dar respuestas a quienes me lo preguntaran o a los organismos encargados de tomar decisiones acerca de qué hacer para modificar la apatía, el desgano y la actitud de desatención prevalecientes, socialmente hablando, en el medio circundante. Desde entonces y hasta el presente había que transitar desde el "mundo del barro" hasta los sujetos creadores que lo sustentan: los artesanos y Maestros que han dedicado sus vidas a construir, mantener, reparar y conservar el patrimonio edificado, así como esa otra parte que está tras de él: los saberes.

En el presente Cuaderno de Avances del Atlas titulado "Memorias del barro" nos ha parecido prudente concentrarnos en los artesanos de dos asentamientos urbanos: Coro y su puerto real La Vela, con el ánimo de cobrar fuerzas y seguir avanzando en la meta de elaborar los cuadernos pautados en el año, dedicados a Alí Primera, a los sistemas productivos y formas de intercambio de bienes en la Agricultura serrana y, el último, a las tradiciones musicales. Pero conste que, como lo hemos dado a conocer en Internet, este tema lo hemos tratado en cada una de las locaciones visitadas en la región falconiana. Es lícito para la Etnografía concentrar su atención en una comunidad—en este caso la coriana—y en algunos de sus miembros a fin de elaborar ideas, formular hipótesis y situarse en un escenario privilegiado para obtener la información indispensable para probar su validez o desecharla por inconsistentes. Estamos, pues, plenamente conscientes de las insuficiencias que cargamos, en ocasiones dictadas o producidas por inconvenientes y limitaciones, más que por comodidades a las que hemos tenido que recurrir para evadir riesgos mayores.

Nos complace mucho poder llevarles el testimonio de alguien que venía trabajando

Historias de barro; casas de vida…

Fue así como, para lograr clarificar tales objetivos de trabajo, entre los días 17 y 18 de abril del año 2007, participamos en el encuentro "Casas de barro; historias de vida", organizado por el Instituto de Patrimonio Cultural (IPC), del Ministerio del Poder Popular para la Cultura de la República Bolivariana de Venezuela y apoyado por la UNESCO. Luego de dos años de haber desarrollado un trabajo de investigación de campo en uno de los barrios más tradicionales de la región, resultaba obligado el encuentro con un tema de excepcional importancia por más de una razón y el que habíamos aludido de pasada en el libro **La Guinea, barrio afrocaribeño de Coro**, resultante de ese estudio sociológico y publicado por el Instituto de Cultura del Estado Falcón precisamente en el año arriba referido. Habíamos estado insistiendo en que en el Atlas Etnográfico del Estado Falcón, en cuyo diseño conceptual veníamos trabajando para la fecha junto con el Instituto Cubano de Antropología (ICAN), queríamos introducir un concepto totalmente distinto de la cultura hasta el presente manejado por las instituciones públicas que se dedican a este tipo de servicios. Queríamos, y trabajamos desde entonces en ello, en que por encima de las "bellas artes" y sus representaciones escénicas, saliera a la luz y ocupara totalmente su justo lugar el sujeto colectivo al que se le denomina pueblo, creador de las tradiciones culturales con que aquéllas habitualmente se operan desde los centros burocráticos de la administración pública o privada. Debajo del puente han pasado las aguas de dos años y aquel memorable evento sigue latiendo como el mismo brío que se concretó en el artículo que ahora retomo, luego de haberlo publicado en la revista quincenal de cultura alternativa Encontrarte (nro.68, julio 2007) y también en www. archivocubano.or

2.- Con los Maestros Artesanos del Barro de Coro y La Vela

Propiciado por el encuentro, resultó un honor compartir con los Maestros Artesanos de Coro Jesús "Chucho" Coello, Jesús "Chucho" Morillo, Edixon Morón, Eduardo Guanipa y Luis Morales, verdaderos tesoros vivientes de esa cultura que, lamentablemente, si no lo impedimos, está en camino de extinguirse: la que tiene como foco la tierra, bien situado más allá del uso experto de un material de construcción al que, a menudo, reducimos el barro. A través de su testimonio directo recogido en un micro video con sellos de ambos organismos públicos, el que glosaremos en este artículo, salió a la luz un problema que debe ser atendido con la urgencia y cuidadosa atención solicitada por algo tan sensible como la pérdida de la memoria colectiva, porque el pueblo que la pierde "está en peligro de desaparecer", según apuntó acertadamente Don Fernando Ortiz, considerado el Padre de la Antropología en el Caribe.

Me siento enorgullecido de vivir en Coro, ciudad inscrita en 1993, junto con su puerto La Vela en la Lista de Patrimonio Mundial porque -y cito el documento oficial en su versión electrónica del Centro de Patrimonio Mundial, WHC, en sus siglas en inglés, de la UNESCO- "con sus construcciones de tierra impares en el Caribe, Coro es el ejemplo único de fusión de las tradiciones locales con las técnicas arquitectónicas mudéjares españolas y holandesas. Uno de los primeros asentamientos coloniales (fundado en 1527) que tiene unos 602 edificios históricos" (vid www.whc.org).

En cuanto a las propiedades de "el sitio" o bien patrimo0nial por las que se hizo su inclusión en la mencionada Lista, pudiera discreparse en algo en lo que respecta a la segunda parte de este fundamento, en razón de que, en general, se alude sólo al patrimonio tangible y porque creemos que el "lado oscuro" o invisible, la mano del ser humano que lo creó, se encuentra en peligro de menoscabarse como fuente de saberes, pero prefiero referirme al malestar que se me clava al costado al ver no sólo cuán frecuentemente son derrumbadas esas "casitas de barro", sino porque estos Maestros marchan rumbo al final de sus humildes existencias sin que veamos por ninguna parte la transmisión, sistemática y coherente, de sus conocimientos y de esas "técnicas" aludidas a las nuevas generaciones, lo cual es algo sumamente alarmante.

Me uno al palpitar cálido de vida de estos Maestros y, también, a la de los artesanos del barro en general, como un medio de llamar la atención referente el sujeto social creador del que ellos forman parte: el pueblo, verdadero objeto del reconocimiento del valor patrimonial de su ciudad y de su puerto, y al final les dedico unas reflexiones personales acerca del barro, para honrarles. Lo más importante es su testimonio, que intentamos apresar aquí para la difusión y empleo útil en el reavivamiento de la conciencia, que resalta una responsabilidad colectiva compartida, no sólo pues la de "el gobierno", al que tanto exclusivamente se emplaza.

Habitualmente solemos ver sólo la exterioridad del todo pasando por alto el ser que lo creó; en las edificaciones de tierra, antes de lo erigido, están los saberes y conocimientos que yacen en la base de la memoria, las manos y los pies de quienes lo amasan y concretan, terminando por imprimirle su valor real, que va más allá de su valor de uso. Estos Maestros tienen claro el concepto de que el barro no sólo es materia, sino huella del trabajo humano: respuesta a necesidades concretas como las de la vivienda, desvelos, sueños y un compartir solidario al nivel de la familia sanguínea y de esa otra extensa que se fragua con los camaradas al calor de la faena cotidiana, amorosa y constante. Haz del sol mañanero que nos despierta en las sombras. Mediodía sonriente. Atardecer fatigoso que se prolonga con las tareas domésticas, desde la niñez hasta entrada la adultez.

La visión de "Chucho" Morillo debe interpretarse como la de los artesanos; así ve "la obra" edificada en barro como algo vivo, "con la que nosotros los artesanos podemos hablar" y nos relacionamos como si fuese una mujer: la acariciamos, incluso, con erotismo y como con alguien a quien uno no se puede relacionar si no es con cariño. Eso lo recibimos cuando nos dice que "echar una torta, echar un pañote es como si uno tuviera pasando la mano a un ser amado. Uno siente las curvas en el barro, las paredes… como siente las curvas cuando acaricia a un ser querido."

Chucho Coello primero fue lo que se llamaba en este oficio un peón de mano, "que era trabajar con los Maestros. Ahí me inicié en tejas, en barro, en todo lo artesano que es el barro". Chucho Morillo tenía 10 años cuando comenzó este oficio, que lo "llenaba desde niño porque lo hacía con mi padre y mi hermano". Fue desde entonces que se inició el proceso de aprendizaje de "las técnicas tradicionales de construcción". A Edixon Morón su vinculación al barro le llegó con su abuelo, que iba a verlo cada vez que se le dañaba la casa y "después /fue/ con otras personas que trabajaban esto. Eduardo Guanipa no sabía nada, ni siquiera "cómo se amarraba el cardón", entonces el colocarse al abrigo de los Maestros artesanos le abrió el modo expedito de aprender y así lo ha hecho hasta el presente.

Este proceso no siempre fue lo fácil que puede suponerse: Luis Morales tendría 5 ó 6 años cuando "lo llevaban por ay, a trabajar con el padre. Cada día él me paraba a las 4 de la mañana y, primero, teníamos que cargar agua, buscar leña y, a partir de las 7, nos íbamos para el trabajo hasta el mediodía en que comíamos y, al regreso a las 6 de la tarde, nos poníamos de nuevo a cargar agua." El trato directo con la gente conocedora de esta cultura impuso un sello característico a estos artesanos: su cuidadoso modo de codearse con esta "materia". Chucho Coello opina que, en su preparación, al "barro hay que dejarlo… batirlo bien" con el azadón, como si requiriese un reposo, como ser vivo al fin, lo que conducirá a la obtención de la masa anhelada: "igualito que hacer una conserva es el barro: hasta que dé punto".

Para Morillo, en cambio, "el fraguado de una torta no es igual al concreto", porque en su interior existen propiedades físico-químicas de la arcilla que provocan que cuando ésta se seque se expanda. De ahí que la obligación del contacto corporal directo del hombre con la materia: una vez preparada la torta (masa resultante de la mezcla circular, en el suelo, de tierra, agua e hierbas), ésta requiere ser amasada una vez más, esta última vez con las manos, para que pueda zumbársele al techo donde se la empareja también manualmente.

Estos saberes no fueron adquiridos en ninguna academia que no fuera la de aquellos otros Maestros que les antecedieron que los tenían desde que el hombre se irguió encima del planeta. De ahí que al Maestro "Chucho" Coello lo calificara de Biblia de los artesanos, en la cual se han formado varios de estos artesanos testigos, quienes dicen haber aprendido la disciplina del trabajo y este "arte del trabajo en barro de estas construcciones antiguas", siempre en el campo, aunque confiesa que son pocos a quienes estas faenas "nos gusta". Aparece la queja de que, a pesar de que se les reconoce como Maestros con muchas décadas de experiencia, no disponen de un certificado o algo que les permita acceder a un trabajo o, lo 1ue es peor, a la jubilación. Muchos de ellos consideran que, de haberse el dispuesto de ese cuerpo jurídico, se hubiesen jubilado. Para concluir, se preguntan, para resolver cualquiera de estos problemas, "¿a quien acudo yo?", con lo cual nos evidencian un total desamparo.

Para colmo existe una contraposición entre el saber ancestral de estos artesanos y los conocimientos contemporáneos del personal técnico contratado que le colocan para controlar su trabajo. Así, Chucho Morillo nos refiere que "muchas veces un ingeniero es situado para inspeccionar una obra y no sabe nada de lo que está haciendo el artesano, porque no sabe…" Y es concluyente en lo que debe hacerse: "Aquí hay que capacitar a esa gente." El Maestro Coello nos lo confirma al narrarnos una lamentable anécdota: "Una vez estuvimos con un Maestro que era medio bruto y yo le dije: "mire, esa casa se nos va caer" y contestó: "no, no le pare bola". ¡Y esa casa se nos vino encima!, porque yo tengo mucha experiencia." Por eso Morillo afirma que "van a tener que formarse en lo que es tradición artesanal, barro, tierra… porque de lo demás no sé nada."

Están conscientes, sin embargo, de que lo que se refiere al barro "es un proceso" en el intervienen los técnicos, ingenieros y arquitectos, que implica una cadena en la que están ellos, los artesanos también, "al pie de la obra." Pero se sienten en una situación de inferioridad en tanto que, en el mejor de los casos, se les contrata, se les paga y luego "chao pesca"… el mérito se lo llevan los dueños del negocio, el ingeniero...

Se les ha contrato en algunas ocasiones para impartir formación a los jóvenes, pero no se ha hecho de manera sistemática ni mucho menos con una visión coherente. Coello aconseja a la juventud que sigan el ejemplo marcado por ellos "para que lleguen adonde llegué…que esto es muy bonito". Mas, en medio del evento, se le preguntó cuál era su ilusión no conseguida, lo que más anhelada y fue categórico al contestar que "una Escuela del Barro, para enseñar a los jóvenes y así garantizar el necesario relevo.

El Maestro Coello está al tanto de que "todo se trabaje en menguante, no se trabaja en creciente, porque no sale bueno". De los conocimientos recibidos por ellos oralmente les viene a estos Maestros el rechazo al cemento: según Coello, incluso para el frisado de los muros no debe usársele porque se cae la capa, por lo que se usa la mezcla de tierra, arena y cal, ésta última un líquido "madurado" en un tanque a la intemperie. Coello es categórico en su resolución: en estas obras no se emplea otra cosa que no sea barro y esta última mezcla, prescindiéndose del cemento.

En cuanto al mantenimiento, reparación y atención a los materiales empleados en este tipo de edificaciones, basta el agua para ablandar y limpiar con un cepillo los residuos adheridos a las tejas de barro, incluidos microorganismos morbosos, como el hongo; luego se las apila en el piso para el secado y se las devuelve nuevamente a los techos. Ahora se usa el cañizal o entramado hecho con pedazos de madera, atados entre sí y dispuestos paralelamente, que se usa para construir cubiertas, techos e incluso empalizadas; encima de él se colocan las tejas sin necesidad del pernicioso cemento. Al cañizal se le embute la torta y luego un mortero de mezcla; encima se coloca el manto. "Esas tejas no llevaban nada", es decir, ninguna otra materia que la aludida. Se garantiza que las tejas duren mucho tiempo, incluso un siglo…

Coello se esfuerza por revelar los secretos de la cultura que representa: "El barro tiene esto: en tiempo de frío, es caliente; en tiempo de calor, es fresco… los españoles sabían eso: que venían tiempos frescos y tiempos de veranos", conocimiento que horita muchos niegan interesadamente o prefieren pasar por alto aviesamente. Es por lo que antes se hacía una ventanita que no llegaba a un metro cuadrado, que producía una circulación de frescor admirable en el interior de la casa; "ahora las hacen de dos metros y hace calor", según Morón. Todos coinciden en que el barro dura más que el cemento porque éste se "pica" más fácilmente. Naturalmente, todos prefieren este tipo de habitación natural para vivir y sienten un orgullo muy especial cuando, después de aplicarse a su reparación concienzuda. Por eso, cuando entregan en perfecto estado de conservación a aquellas que habían encontrado casi destruidas: "están trabajando allá arriba, no sienten ni sol ni calor".

Mucha ciencia del hombre encontramos en la visión del barro que tienen estos artesanos, particularmente en lo relacionado con el imprescindible contacto humano para que las edificaciones que le sirven de habitación no se deterioren. La mayoría de las casas abandonadas existentes a lo largo y ancho de la geografía de Falcón podría estar condenada a muerte por la indolencia de sus dueños o representantes a consecuencia de esta ausencia fatal. Para que se conserven, estas edificaciones necesitan ser habitadas por los hombres, porque "al dejarle de dar calor, la casa se cae", según Morales. "uno debe ser más amoroso, tener conciencia…"—dice Morillo—y remata el Maestro Coello: "porque Coro fue fundado en barro."

Morillo es tajante en su señalamiento de la pérdida: "lo que nos falta es la cultura de la tierra, la cultura del barro"; su ausencia provoca que no sean valoradas con justicia las acciones dirigidas a rescatarla o fortalecerla e incluso a los propios Maestros y artesanos, que han echado pie en tierra para lograr este reconocimiento mundial. Así, a pesar de que "a sus ochenta años Chucho Coello sigue trabajando" y enseñando, eso sí espontáneamente, a la gente estas artes ancestrales, según su amigo Morillo, "no tiene ayuda de nadie". Cuando el boom petrolero, no se fue para Punto Fijo, sino que se quedó en Coro haciendo y reparando estas casas. Concluye Morillo su incisiva crítica: "Pero ¿quien ayuda a Chucho? Esos grandes jerarcas del Patrimonio /Instituto de / o de lo que sea, no van a hacer nunca algo a favor de Chucho… ¡Jamás! ¿Cuántos artesanos hay? ¿Han hecho algo en beneficio de ellos? ¡No, mi amigo!". Con ellos han de aprender lecciones de sencillez y humildad quienes se pavonean con sus títulos académicos porque quienes carecen de ellos tienen aquellos otros no caídos del cielo, sino heredados del accionar perenne del hombre en el Planeta del cual nació y se nutre la ciencia.

Seguramente, estos Maestros no están enterados del concepto de patrimonio, cada vez más enrevesado, usado por los técnicos y arquitectos. Pertenecen a otra época en que el conocimiento del cosmos y de la Naturaleza conducía al acomodo armonioso de la criatura humana con el medio ambiente del cual dependía su existencia. De allá les vienen los saberes con que han hecho posible que se levanten estas catedrales vivientes que son las "casitas de barro" de Coro y La Vela, tan beneficiosas a la salud integral del hombre y a su relación respetuosa con la Naturaleza a la que piden prestados los elementos útiles para crearse ese hábitat invaluable reconocido por los hombres de bien como Patrimonio de la Humanidad. Uno de estos Maestros dijo: "Chucho" Coello es el Patrimonio". ¡Vaya usted a saber!

II.- MEMORIAS DEL BARRO

Nota de editor José Millet:

Presentamos las notas de las entrevistas que le hiciéramos al Maestro del barro Chucho Coello durante el pasado año 2007, en compañía de la TSU en turismo Enna Zavala, formada por nosotros como investigadora. De ellas emerge una historia bastante inusual: las propias casas cuentan su historia, a partir de las numerosas incursiones hechas por estos artesanos, tanto para repararlas, restaurarlas o darle el acertado mantenimiento que sólo ellos saben dispensarles. Nuestro estudio ha ido creciendo en la medida en que nos hemos hecho amigo de estos libros vivientes de una de las tradiciones en vías de extinción. Esperamos que el relato sea ampliado con nuevas conversaciones y aportes de otras personas dedicadas a registrar y conservar este valioso patrimonio humana, que vale más que en los enquistados y particulares "cascos históricos" a los que se refieren los especialistas de la arquitectura, desconociendo que esta de los hombres debe colocarse en primera fila, mucho antes que cualquier monumento hecho a base de su ingenio y dedicación laboriosa.

Desde la azotea de uno de los edificios más altos, se nos revela un perfil de la ciudad en el que pocos de sus habitantes reparan. A juzgar por las cubiertas, Coro debió haber sido otra ciudad de los "techos rojos". Mucha teja corona una multitud de espaciosas casas que se extienden a lo largo y ancho de este emblemático asentamiento humano. Uno de sus hijos descorrió las cortinas del recuerdo y nos permitió echarle una ojeada a cómo transcurrieron las cosas en el pasado. Lo insólito de las suyas, es que son una especie de memorias del barro, en el que se asentó Coro, donde este artesano nació y ha desarrollado toda su vida.

Jesús "Chucho" Coello es considerado "La Enciclopedia del Barro", debido a sus probados conocimientos. Humildemente reconoce que los adquirió de los maestros Guillermo Rodríguez, "Nacho" Poyoyo Guadamo y Agustín Camacho, quienes vivían "cruzando" el barrio Las Panelas. Como se produjo una ruptura, en cuanto a la transmisión de mundos, entre aquellos sabios y las generaciones actuales, hoy sacan la tierra de donde hay "saques de tierra", en el sitito nombrado Arenales, La Negrita. En La Horqueta hicieron un tanque grandísimo y lo volvieron a rellenar. Para secar tierra de Arenales se necesita un permiso, creo que de la prefectura de La Negrita. "Tiene grea, como una fibra o raicita negra".

La que están trayendo, al no ser de aquel sitio, tiene salitre, lo que provoca que se desprenda, al ser empleado como principal material en la edificación o rehabilitación.

Al barro hay que echarle pulmón hasta que "dé puntico", que es cuando se le añade la hierba. ¿Cómo se procede? Se hace el pozo, que permanece tapado durante tres días, con la hierba. Al término de ese tiempo se considera que el barro está maduro; pero antes se picaban el barro y la tierra.

Al mencionar su trabajote restauración en la Casa del Artesano, actualmente en construcción, diferencia el tipo de material y técnicas constructivas que se deben emplear según las condiciones y características del espacio donde se construya; en La Vela no se trabaja con adobe porque "se lo come el salitre" del mar. El adobe es una estructura conformada por horcón y paredes con cañizo; el bahareque, en cambio, aguanta más, digamos ante un movimiento sísmico, mientras que el adobe "se va más fácilmente".

"Chucho" Coello denuncia que, por ignorancia, el barro se había olvidado. Si se hubiese tenido conciencia de la importancia de este material, las casas de la Calle Comercio no se hubieran caído. Tampoco se les hubiera permitido a los árabes comprar las casas en el Mercado viejo, las que han dejado caer para edificar con bloques de cemento y cabilla. Lo sucedido allí es una falta del Alcalde de Miranda, Pineda, y de su equipo.

¨Por igual motivo han ocurrido otros desastres. A la casa de la Calle Comercio, entre Monzón y Federación, había que acomodarle el techo, y sin embargo la demolieron. Lo único que tiene la Casa del Tesoro son unas piezas con techos malos, pero la Alcaldía sólo lo acomodó el frente. Está como la mayoría de las casas incluidas en el "polígono de la UNESCO": está deshabitada, que es lo que provoca su deterioro. Habla de un túnel y de los tantos salones amplios que posee.

Con la Casa de las Ventanas de Hierro, del Doctor Tellería, se presenta la misma situación; pero ante la des habitación surge un interés inconfeso del

Maestro "Chucho" Coello: "que me la den para hacer allí una escuela", por supuesto, para estudiar en ella todo lo relacionado con el barro y entregar a los alumnos los tesoros del conocimiento acumulados en su vida "Restauré la casa donde están las hermanas, al lado del Registro….."

El Ingeniero Víctor Piñero hizo casas de adobe en la José Leonardo Chirino y su casa es de barro.

Chucho restauró la casa por donde está El Conquistador, sede del diario local La Mañana, cuyo director Atilio Yánez, no quiso que nadie, salvo él, acomodara las tejas en el techo.

La teja, los tejares.

Ese patrimonio edificado en tierra fue respaldado por el conocimiento de muchos hombres dedicados durante mucho tiempo a este trabajo. Los artesanos se entregaban a su oficio no como mero medio de obtención de dinero. Había sastifacción en la utilidad de la labor y entrega, aunque en el pasado carecieron de reconocimiento social de ningún tipo, constituyen hoy una comunidad con relativa homogeneidad.

En cuanto a la elaboración de la teja, Chucho Coello reconoce a Pedro Flores como uno de los "maestros tejeros". Trabajó en el tejar "Falcón". Era de Churuguara, donde hay tradición en este oficio; trabajó con "La Enciclopedia" hasta poco antes de su muerte, ocurrida hace algunos años.

Hacían tejas, ladrillos y "adoboncito" para las paredes. "Ladrillos de piso", especifica Chucho, "son los ladrillos de barro".

Estos materiales han sido ampliamente utilizados cn labores de restauración hechas por estos Maestros y artesanos del barro. La memoria retiene pasajes que nos llevan a la reflexión y al juicio crítico. La Casa de la Cultura de Coro fue también restaurada por Chucho, pero ha sido "la casa más cara: el alcalde Popo Barráez la compró a sobreprecio y el contratista no la terminó. Estuvo sin terminarse hasta ahora, "es una casita parecida a una familiar".

Escuela del barro….

El proyecto de la "Escuela del barro" se lo dieron a Ana María Reyes. Tuvo respaldo nacional, fue situada en Tara-Tara, donde además había un Museo del barro. Vinieron muchachos de Estados Unidos, quienes hicieron mucho adobe y regresaron con sus títulos, según él.

En cuanto a los evangelistas, esta congregación religiosa consigue mucha plata, del diezmo o descuento de su sueldo. Hicieron una de estas escuelas en El Bejuquero, donde no la había.

El barro: resistencia.

El Maestro desmiente opiniones dirigidas a demonizar el barro, cuyo empleo, sabio y continuado, ha creado el patrimonio edificado más coherente y de valor trascendente de todo el Caribe, fundamento del otorgamiento, a Coro-La Vela, de la condición de Patrimonio de la Humanidad por parte de la UNESCO. A las casas de barro no las ataca ningún insecto, como se ha dicho, menos aquellos clasificados como mórbidos. Ejemplifica con las casas del frente de su casa, "que tienen más de cien años".

La historia de las casas de barro contadas por los artesanos:

En el Coro de hace 40 o 50 años "las casas no valían na", nos dice Chucho Coello , porque el material con que se construía estaba a la mano, era muy barato y la propia gente las construía por sus medios, empleando el trabajo solidario de amigos y vecinos. Aquella produjo la vivienda mas económica que haya existido: Vendió una de sus casas en 15.000 bolívares, ahora es residencia del doctor……

Las casas, no obstante, eran buenas y bonitas, porque también había buenos artesanos. "Chucho" nos proporciona su ubicación espacial dentro de la ciudad: aquellos maestros artesanos vivían "pa abajo", entre ellos Julito y Ramoncito Jiménez; tenían una fábrica de adobe en Zumurucuare.

¿Cómo eran aquellas casas corianas? La mayoría era de barro, hasta que en 1946 las contratistas introdujeron el cemento, el bloque, y… con la Urbanización Ampíes. La industria y la artesanía del barro respaldaban la existencia de este tipo de casas. Había numerosos hornos, muchas alfarerías que lo garantizaban;

La casa típica para entonces era de piso de ladrillo y de techo de teja. En los barrios donde vivían los pobres predominaban las casas de torta.

1942….

Este año comenzó a construirse el cuartel de Coro. El material empleado era adoboncito, porque por fortuna no había cabilla, se empleaba la piedra bruta, mezclote, piedra, cal y arena. Con mezclote fue levantado el "Hospital Antonio Smith". Veamos los precios de las edificaciones levantadas por la naciente burguesía venezolana en la ciudad. Algunas de ellas se erigen como emblemáticas de su gusto y concepto de lo que debía oponérsele al barro, propio de los "ttierrús" que habitaban las barriadas.

"Chucho" Coello calcula en 100,00 bolívares el costo de producción del Club Bolívar y 1.000.000,00 el Antonio Smith. Este último edificio denuncia la equivocada intervención del Ejecutivo del Gobierno Nacional, en la persona de algunos de sus presidentes. Fue construido con "puro ladrillo y techos de placa" soportados con el desmantelado "Tren Coro – La Vela". . Fue demolido, el primer gobierno de Carlos Andrés Pérez lo mandó a demoler. El gobierno de Herrera Campins mando a hacer un enorme huecote, que luego Carlos Andrés Pérez mandó a tapar. Cuando Lusinchi asumió la presidencia, mandó que lo destaparan. ¿A dónde iba a parar todo ese dinero invertido? A las arcas de los corruptos, no a los bolsillos del pueblo, que seguía "pelando"

El Hospital Santa Ana tiene su iglesia porque las monjas eran las enfermeras. Según "Chucho", lo restauraron muy mal. Ahora le hacemos paredes de cinco bloques de adobe, a lo que fue "el mejor hospital antituberculoso".

Teatro Armonía.
El Teatro Armonía era de barro con techo de tejas. "Cuando se quemó fui a apagarlo, tenía 17 años de edad y sufrí quemaduras". El agua entonces de acarreaba en una carreta con un tanquecito encima y era tirado por una mula.

El Coro de los ricos y los pobres.
Los ricos vivían de la Calle Comercio "pa'rriba", y rumbo al Club Bolívar; y los pobres de la Calle Comercio "hacia abajo". Los ricos jugaban ese deporte en un espacio cercado con ciclón. El nombre de ese deporte lo lleva aún la plaza "El Tenis". Las casas de torta, características de los explotados y humildes, mayoreaban en el barrio Los Ranchos, no en el Monteverde, nos aclaró Chucho, "del Tenis hacia allá".

Ambientes del Coro de ayer.
"Chucho" bebe hoy, a lo sumo, cuatro cervezas. Al parecer su estilo de vida ha cambiado. Antes frecuentaba el "Bar Chipi-chipe", calles Sur y Silva, "uno de los más renombrados sitios de reunión". Vendían cervezas, pero lo principal consistía en disfrutar del espacio de tertulia.

Bar "El Cielo", lo cerraron en la esquina porque mataron allí al hermano de un pelotero de las grandes ligas, Magglio Ordoñez. Bar "Miranda " en la Calle , "El Loco Lindo" en la calle Federación, ahora es una tasca. "El Majestic" sí se ha mantenido, igual que el "Manaure".

El mejor bar era el "Puerto Cabello", que empezó en 1946, atendido por Emerita y su dueño "Chindo" Muñoz. Al principio era un minúsculo "negocito", pero con el éxodo de las petroleras, "se fue pa'rriba". Era el mejor: tenía chicas, buena música de rockola (8 piezas por 1 bolívar), y juegos. "Había mucha educación", que evitaba las riñas. A quien se sacaba una muchacha le metían un año de cárcel si no se casaba. Los hombres eran mas precavidos, buscaban más donde vivir que las aventuras.

Costumbres, normas y valores.

A los 22 años de edad fue que "Chucho" bebió por primera vez, después de la muerte de su madre. Era el respeto al padre más que las prohibiciones, lo que limitaba determinadas acciones en los hijos. Nadie se atrevía a fumar delante de los padres. El padre le dio cuatro palos a un hermano de "Chucho", por echarse un palo de aguardiente delante de él. Se empeñaba algo dejando a cambio un pelo del bigote, y nadie lo botaba: "tal era el sentido del honor y la palabra que daba", nos dice el viejo Chucho. La gente no sabía leer, pero sí respetar, concluye enfático este artesano. La palabra del abuelo estaba por encima de todo. Nadie se sentaba a comer en la mesa sin camisa. No existían groserías.

Las cervezas más viejas eran la Zulia y La Regional. Cuando Pérez Jiménez valía un real. El dueño de la fábrica era un ministro del dictador.

Historias contadas por las casas.

Las casas eran bajitas. A las casas que ocupaba "La vaquera" le pusieron las tejas después. La casa de Chelo está enfrente a "El Pilón" y es de barro-bahareque y torta. En Las Panelas, Curazaíto hay una casa de torta.

Lo que se necesitaba para construir estaba situado muy cerca del necesitado. El finado Isauro cargaba el tercio de cañito o cañizo de Zumurucuare. La hierba se buscaba detrás del cuartel, antes de que lo cercaran.

El Balcón de Ismael Cordero, en la Calle Bolívar, del Chupulún pa'lante, es de barro. Muertos sus dueños, esta edificación de adobe se está desmoronando. Era de César Saher, luego pasó a manos de Ismael y hoy la dueña es la hija del Gobernador Pablo Saher.

Costaba 100 bolívares (qué?) cuando el salario era de 2 bolívares diarios, doce a la semana.

El Bahareque

El bahareque predominaba por una razón económica: era más barato que el adobe. Se trata de una estructura simplificada de horcón con cañizo, que abundaba. Primero se embute con barro y luego se le aplica el pañote, capa para cubrir el primer barro embutido. Este es un friso de barro con hierba, al que sigue el friso de barro con cal.

El frisado con barro se le puede aplicar a las paredes de cemento, y se adquiere mayor frescura que con cemento solo.

Del barro de los pobres a . . . . .

La Avenida Santa Rosa, que pasa el "Hospital Alfredo Van Grieken", ilustra cómo se empezó a destruir el patrimonio edificado de Coro. Las casas de barro construidas allí donde habitaban familias pobres, fueron tumbadas y, en su lugar, levantadas otras de cemento. Así es como la gente humilde saludaba y aceptaba este sentido de "progreso" que hoy se ha instalado en la mayoría de los lugares.

Nuestro testimoniante vive en una humilde vivienda, en la Calle Progreso Nro. 21 de Monteverde. Es padre de 7 hijos, a alguno de los cuales le construyó una casa de barro, exactamente en la Parroquia Curimagua, en Cabire, frente a las torres de CANTV. Tiene que ser de barro, "porque el barro es un congelador de noche".

Al aparecer "Chucho", retratado en uno de los Catálogos del Instituto de Patrimonio Cultural, la Ley lo incluye en el Registro de bienes Culturales de Venezuela. En su hogar muestra algunos de los reconocimientos que le han otorgado. Se para cada día rayando el alba para ir a inspeccionar las obras que se ejecutan en el "Casco Histórico de Coro". Recibe a cambio de este trabajo 1.600.000,00 Bs., sin los beneficios sociales concedidos a los trabajadores fijos. No obstante, me reitera su sueño de disponer de una escuela para enseñar y transmitir a los niños, jóvenes y adolescentes sus amplios conocimientos y saberes acerca del barro, su empleo y la construcción y mantenimiento de lo edificado con él.

Coro, 24 de Julio de 2007.

Bahareque, adobe y tapias corianas

Tradiciones

El barro coriano

La arquitectura de barro coriana es producto de la fusión de elementos aportados por los indígenas y colonizadores, que dieron origen a una arquitectura mestiza. El bahareque, el adobe y en menor medida la tapia, son las formas de trabajar el barro más utilizadas en las construcciones corianas. El bahareque es indígena, la tapia y el adobe europeos. Todos ellos tienen como ingrediente principal al barro.

Los caquetíos construían utilizando una armazón de madera con horcones hundidos en el suelo y unida por bejucos. El techo lo formaban vigas o latas que sostenían una cubierta de cañizo de cardón, sobre la cual se colocaba una mezcla de paja y barro gomoso, que hoy conocemos como torta. Las paredes eran de bahareque, formadas por horcones que armaban una especie de caja uniendo latas de cardón, esta caja se rellenaba de barro. Este sistema aún hoy se conserva vivo en la arquitectura popular coriana tradicional o de barro. El adobe es un ladrillo de tierra cruda secado al sol, que tiene como cimiento una capa de piedra que lo aísla de la humedad del terreno. Estos ladrillos se hacen mezclando agua, tierra y paja coneja, para hacer bolas de pasta que se colocan en moldes de madera. El adobe más utilizado en Coro mide 10x20x40 cms. En la técnica de la tapia, el barro no se mezcla con ningún otro material. Consiste en levantar paredes con un espesor entre 40 y 80 cms., usando capas de barro muy homogéneo. Estas paredes tienen como soporte una estructura enterrada en la tierra de 60 a 80 cms. y que sobresale un metro de alto. Fue muy aplicada en Caracas y otras ciudades, especialmente en la región andina, a partir del siglo XVIII. Sin embargo, en Coro se encuentra en edificaciones del siglo XVII. El techo es una armazón de madera con una capa de barro gomoso y sobre éste, las tejas.

La arquitectura colonial coriana fue levantada a base de barro y madera, y casi toda ella es del siglo XVIII. Su elemento principal interior es el patio, herencia que árabes y romanos dejaron en España. También están los aljibes o depósitos para el agua de lluvia. Alrededor del patio se encuentran corredores techados, hacia ellos dan las habitaciones. Al fondo del patio se encuentra el comedor y tras éste la cocina, lavandero y áreas de la servidumbre.

Las construcciones corianas de barro son modestas y sencillas en su interior, estando su mayor riqueza expresada en las fachadas, donde el portal concentra la mayor decoración. Después están las ventanas, comisas y aleros.

La técnica del bahareque se deja ver en casi todo el medio rural del estado Falcón, y en las construcciones más modestas de Coro y La Vela. El adobe está presente en monumentos como la Casa de las ventanas de hierro, Casa del sol, Iglesia de San Nicolás de Bari, Balcón de los Arcaya y Casa de los Senior. Finalmente, la tapia se encuentra entre las técnicas utilizadas en la Iglesia de San Francisco, el Convento de la Salceda y la Catedral de Coro. Existe una política mundial de conservación de bienes culturales, la cual es dirigida por la UNESCO, organismo internacional que busca la conservación de aquellas zonas cuyo Patrimonio Cultural las haga merecedoras de una protección especial dado su valor cultural o natural. Los cascos centrales de Coro y su puerto La Vela han recibido esta designación al ser los primeros asentamientos españoles en el continente americano y concentrar el mayor conjunto de arquitectura de barro en la cuenca del Mar Caribe, arquitectura cuyas técnicas están vivas entre la población, aún habitando casas y reproduciendo formas de construcción donde se encuentran procedimientos y materiales prehispánicos y europeos. Los falconianos tienen el privilegio de usar y disfrutar esos bienes, pero a la vez el compromiso de defenderlos y conservarlos para las generaciones futuras.

Fuente Corporación Mariano de Talavera, Coro, Falcón.

Texto tomado del sitio: http://members.tripod.com/~vzla/trad_12.htm

De corianos y de barro

Por José Millet

Técnicas constructivas en la ciudad de Coro

Las construcciones civiles, en particular aquellas que sirven de habitación a los seres humanos, resultan objetos importantes para seguir el curso del asentamiento del hombre en un territorio y del desarrollo que sigue en él atenazado por circunstancias diversas, fenómenos y hechos que provocan reacciones en correspondencia con los mismos. En el caso de la arquitectura urbana de Coro, debemos seguir muy de cerca la tipología de las casas de habitación y su ubicación en los diversos sectores en que convencionalmente se la ha ido trazando. Este estudio minucioso, todavía a la espera de especialistas y estudiantes dispuestos a enlodarse los zapatos, debe transitar por la identificación de las técnicas constructivas y materiales empleados en la construcción de las casas de viviendas y numerosas construcciones auxiliares. Aquí damos un pálido y leve asomo a uno de los aspectos que deberán asimismo tomarse en cuenta: el de las técnicas constructivas. Es lógico que si estamos rodeados del más importante conjunto de casas de viviendas hechas de barro que existe en el Caribe, deberemos hablar del cómo se preparan los materiales con que ese Patrimonio de la Humanidad fue edificado.

En cuanto a la técnica del **barro embutido**, se amarraba al cañizo con bejuco de hipopo o enea (la misma con que se tejen las sillas). Mario Aular dice que esta técnica fue introducida en el barrio por los negros de la Sierra Coriana, lo cual nos estaría colocando una evidencia inestimable del vínculo o conexión que siempre existió entre este vasto territorio, una parte del cual---la ciudad—se urbanizó y la otra permanece afincada en los patrones habitacionales y la estructura vial y de servicios propios del campo.

En la casa de la calle Comercio número cincuenta y ocho con calle Mapararí encontramos ejemplos donde pueden estudiarse combinaciones de algunas de esas artes constructivas tradicionales y otros donde la modernidad ha irrumpido para introducir una disrupción. Así, en una de ellas en el friso… se observa la mezcla de cagajón de ganado caballar con cal, la cual se dejaba fermentar durante tres días. Ahora es frecuente que se frise con cemento. Nos refieren que enfrente se ubicaba la ferretería "La Casa Amarilla" de una familia judía de apellido Thompson.

En las calles Colón con Brión encontramos la casa donde funcionó el primer ambulatorio de Coro y, actualmente, funciona el ambulatorio del oeste, consultorio de la gíneco-obstetra doctora María Coromoto Cárdenas.

En las calles Monzón con Providencia encontramos casas de barro embutido hecho con bejuco enea, también de portal muy bajo. La de la señora Matea, ya fallecida, es un ejemplo digno de destacar por haber sido edificada con cujíes de maguey (**cocuy**) y techos en cardón o pencas de la cocuiza.

Artes tradicionales de construcción. Calle Comercio, del sector San Antonio.

Artes tradicionales de construcción. Calle Comercio. San Antonio.

2.2.7.- Artesanía

Escuela de Artesanía de Coro

Ligda Chirinos, de 39 años de edad, presidenta de la Fundación Regional de Artesanos del Estado Falcón, nació en la calle Proyecto, entre Sol y Porvenir, de lo que ella identifica como el barrio Curazaito. Ella nos comenta que la información que le dieron apunta a que la casa situada en la calle Bolívar número cincuenta y seis, que perteneció según Carmen de Ruiz, al Sr. Ulises Sirit y fue comprada por la señora Alicia Briceño, presidenta de la Agencia venezolana de artesanía para fomentar la artesanía en la región pero que, por diversos motivos, la Alcaldía de Miranda y el CONAC paralizaron su construcción, hace tres años. Quedan los restos de lo que fue una casa, ahora destruida, en una de cuyas paredes colocaron un cartel donde se afirma que el CONAC apoya la construcción de una Escuela de artesanía. En nuestro recorrido, Mario Aular mencionó a un profesor de artes plásticas de apellido Primera, de Paraguaná, como asociado a este proyecto cultural inexplicablemente inconcluso.

Casa destruida donde debería haberse levantado la tan necesaria Escuela del Barro.

Para otros usos de este término, véase Barro (desambiguación).

ACERCA DEL BARRO.

T.S.U. Enna Zavala M.   PNI 15.699   21 de Julio de 2008.

Reseña elaborada en base a experiencias familiares.

Escribir acerca del barro es aceptar que procedemos de él, que hemos convivido juntos pero no hemos terminado de conocerlo, aún sabiendo que tiene muchas bondades y que este divino mineral es altamente aprovechable en muchos de las etapas que le toca vivir al ser humano, en este caso al falconiano.

Conozco el barro desde antes de nacer, puesto que mi mamá (Carmen Candelaria de Zavala), lo comía para satisfacer sus antojos cuando estaba embarazada de mi. Siempre recuerda y me cuenta que arrancaba los pedacitos de las paredes de la casa donde habitábamos. También me cuentan mis padres que yo lo comí bastante mientras gateaba, por lo cual me gané una nalgada.

Toda mi niñez la viví en una casa de barro y techo de cañón, con tejas rojas, por la cual mi papá pagaba 100 bolívares de alquiler. Eran dos casas, la de mi abuela materna y la otra que ocupaba con mis padres y hermanas. Ambas casas se comunicaban por el solar.

Recuerdo con claridad la casa de mi abuela (fallecida) María Thielen de Zavala, que me gustaba más que la mía. Era de torta, y cuando llovía con fuerza se caían algunos pedazos, pero mi papá la mandaba a reparar. Puedo evocar el pozo que hacía en el patio el señor Antero Laclé, (fallecido hace algunos años)

No sé de donde traían la tierra, si recuerdo que batían el barro con una escardilla, le picaban hierba y cagajón de burro; se metían en el y le daban con los pies. Los muchachos de la casa de vez en cuando metíamos las manos para disfrutar también la experiencia de ese mágico olor. De solo olerlo provocaba comerlo.

Mis sitios preferidos en la casa de mi abuela eran la cocina con su fogón de barro, el jardincito en la parte posterior y la sala, pero donde estaba la ventana grande que daba a la calle.

La cocina tenía el piso de tierra, pero siempre recogido y limpio. Mi mamá o mi tía le "rociaban" agua todos los días para que el polvo no se levantara. Allí molíamos y se cocinaba. Había dos orificios que servían de ventanas o respiraderos, por donde salía el humo del fogón, acompañando los olores de la comida, el café y los dulces. Aparte del fogón de barro y leña también había una cocina de kerosén, y la tinaja, por supuesto de arcilla, de la cual tomábamos el agua fresca, gustosamente en una totuma.

¿Y cuando llovía?. Ese olor a tierra mojada era algo indescriptible, causa sensación de plenitud, de vida, de grandeza; grandeza que no se compara con lo pequeña que era la casa de mi abuela ni con lo acogedor del patio y del jardín en el cual había una tinaja grande para regar las matas y hasta aprovechábamos para bañarnos.

En que otra cosa se aprovechaba el barro? Mi abuela sufría de dolencias en las piernas, y ella misma preparaba sus cataplasmas con este material para colocárselas en las rodillas y luego las vendaba. También es muy efectivo su uso en los remedios caseros, como el caso de las picadas de cacuros y abejas. Algunas personas humedecen un poquito de tierra con orine y lo aplican para aliviar el dolor y la hichazón.

En la actualidad, se utiliza la arcilla para mejorar problemas de la piel como el acné, la mala circulación sanguínea e hinchazones.

El barro tiene diversos usos en el renglón doméstico: Si contiene piedras pequeñitas, se puede utilizar para blanquear las ollas y sartenes, ayudándose con una esponja; también los animales se sumergen en el para refrescarse o aliviar alguna herida. Como implemento de juego, es usado por los niños para fabricar casitas y animalitos, y en los carnavales, se podía ver a las personas jugando con barro.

El barro tiene la virtud de sensibilizarnos con su contacto y olor, lástima que tan agradable olor no haya penetrado en cada una de las conciencias falconianas, especialmente las corianas, para que vivan abiertas a su conservación y no renieguen de ese pedazo de barro que es cada uno de nosotros.

Unas cuantas veces he escuchado a personas imprecar en contra de las casas de barro, porque según y que son de pobres, porque cuesta repararlas, que están pasadas de moda, o cualquier invento X. Lo que no saben esas personas que también los pobres tienen tranquilidad dentro de estas casas.

Me pregunto que tal andan las conciencias de aquellos que teniendo título han hecho muy poco por defender nuestras casas de barro, patrimoniales o no, ubicadas en el centro histórico, en un humilde sector de la ciudad o en cualquiera de los ejes que dividen al estado Falcón.

Y qué decir de las manos que trabajan nuestro barro?. Esas si tienen conciencia, para laborar día a día con amor más sin tener la seguridad de que su trabajo será debidamente reconocido pero si indebidamente pagado, mostrado al mundo pero de espaldas al reconocimiento y amparo social que se merecen como ciudadanos que año tras año han amasado tierra y cariño, tierra y saberes, tierra y sudor, tierra y espera.

TRABAJO DE INVESTIGACIÓN REALIZADO CONJUNTAMENTE CON EL LCDO. JOSÉ MILLET Y LAS PASANTES DE LA UNEFA NORELI CALATAYUD Y CAROLINA SUÁREZ.

T.S.U. ENNA ZAVALA MEDINA
MARZO 2009.

CONVERSACIÓN CON EL MAESTRO JESUS "CHUCHO" COELLO.
Nacido en El Isiro, el 05/08/1929. Vivió en esta región hasta el año 1941, trasladándose luego a Coro, Barrio Monteverde, específicamente a la Calle Borregales, cerca del Caserío La Rinconada, actualmente Urbanización Ampíes. En el año 1942 se muda a la calle Progreso, a la misma casa donde aún vive. Se casó en 1950 con la Señora Miguelina Pimentel de Coello, con quien procreó 7 hijos, 2 varones y 5 mujeres.

Aprendió desde muy joven el oficio de artesano del barro, y sus amplios conocimientos lo han hecho acreedor del título de Patrimonio Viviente, otorgado por la UNESCO.

Con sus 80 años el Maestro Chucho mantiene su cotidianidad con bastante actividad, levantarse a las 4:00 a.m., aseo, repasar el Capítulo XII de San Juan (lo recita de memoria), para luego tomar el café que el mismo prepara. Su actividad incluye revisar la casa antes de salir, pasea hasta la acera, llegando hasta la esquina y regresa a la casa hasta la hora de irse al trabajo.

No desayuna. Cumple su rutina de trabajo de 8:00 a 11:00 de la mañana, haciendo el trayecto desde su casa a su sitio de labores a pie. Regresa para el almuerzo y luego reposa en su chinchorro. El resto del día lo pasa en casa, lo visitan sus hijos y algunos amigos. Le gusta mirar la televisión, sobre todo las películas mexicanas. Se retira a dormir temprano para iniciar también temprano las labores del día siguiente.

Chucho conoce muchos rincones de Coro y La Sierra, sabe de la historia de las casas de barro tanto del barrio como del casco histórico, de las familias que las han habitado, que hacían y porqué están ahora solas. Opina que es un poco de egoísmo que esas casas tan grandes y bonitas se mantengan cerradas, "así se caen mas rápido".

Actualmente realiza trabajos de supervisión en el Museo Diocesano y en la sede de la Escuela de Medicina UNEFM, Edificio Santa Ana. Desde que trabaja, solamente ha dependido de su sueldo, no cuenta con un amparo social que le permita, por sus años y por la labor que ha desempeñado, contar siquiera con una pensión de vida o de merito.

A quien le pueden importar los años y la experiencia de Chucho hasta el punto de gestionarle un beneficio que le permita apoyarse social y económicamente?. Esta realidad la vive su familia y sus alumnos ayudantes, quienes comparten cada día de su vida y de su trabajo.

ALUMNOS Y AYUDANTES DEL MAESTRO "CHUCHO COELLO".

EDUARDO GUANIPA. Nacido en Coro, en la Maternidad "Oscar M. Chapman", el 25-01-1960, de padre churuguarero y madre coriana. Además de ser alumno de Chucho es su yerno, casado con su hija Maritza desde hace 18 años, con la cual ha procreado 02 hijos.

Su familia se conformó con 4 hermanas, (fallecida 1). Es el único varón.

No continuó sus estudios (hasta 4to. Año de bachillerato), debido a problemas económicos. Surgió su necesidad de trabajo y se fue a Valencia, donde permaneció por 03 años.   Aprendió a trabajar con el barro por su conexión con el señor Chucho. Expresa que "quien trabaja con barro siempre tiene que hacer", pero hay que buscar al que mas sabe, para seguir aprendiendo.

Agradece al Señor Chucho, su suegro, por lo que le ha enseñado, lo cual le ha permitido mantenerse económicamente pero solamente percibiendo un sueldo. Manifiesta preocupación por la poca atención   que reciben en cuanto a beneficios sociales, ha trabajado siempre como contratado o subcontratado sin percibir alguna ayuda que le permita posteriormente contar al menos con una pensión

JESÚS REVILLA. Cabureño de nacimiento, de fecha 28-04-1948. Lo que ha aprendido del barro es gracias al señor Chucho Coello, a quien conoce desde muy joven.

Actualmente vive en Los Claritos, en el sector que se denominaba Cabudare. Disfruta el trabajo que ejecuta, desde siempre le ha gustado trabajar con barro aunque a veces no le paguen lo que en realidad cuesta la obra. Aspira que todos los artesanos sean tomados en cuenta en lo que respecta a mejorar el aspecto social que contempla su trabajo: cuota del seguro, oportunidad de pensionarse, y otros.

JOSÉ OLLARVES: Coriano y vecino del señor Chucho Coello. Nacido en fecha 01-01-1968, y trabaja con Chucho desde que tenía 17 años. Empezó haciendo adobe, se siente satisfecho de trabajar con el barro, de poder aplicar los conocimientos que ha obtenido. En algunas oportunidades ha trabajado solo, sin el asesoramiento de Chucho, haciendo reparaciones a viviendas pequeñas, techos y otros detalles, sin embargo, dice " No todas las personas saben valorar nuestro trabajo, el pago es bueno pero solamente se recibe el sueldo como subcontratados".

Según palabras del Maestro Coello, este alumno tiene un buen nivel de aprendizaje, por lo que siempre lo mantiene entre sus ayudantes.

RUBÉN REYES: nacido En Coro, el 04-11-1977. Tiene 02 años trabajando con barro, y lo hace por que le llamó la atención conocer este material y el tipo de construcciones que podía hacer. También ha estado aprendiendo con el Señor Chucho Coello.

EMILIO GARMENDIA: Coriano nacido en fecha 16-10-1969. Tiene 15 años de conocimiento y trabajo sobre el barro. De la noche a la mañana le gustó esta técnica, considera que "deberían hacer mas casas de barro". Económicamente le resulta mejor trabajar por su cuenta que contratado, recibe mejor paga.

ANGEL FERRER: Es uno de los trabajadores más jóvenes. Con la técnica del barro tiene apenas 05 años y le satisface lo que ha aprendido; sus conocimientos los ha obtenido con el señor Chucho Revilla (ayudante de Chucho Coello).   Piensa que "al trabajar con tus manos, le das mas valor a lo que haces".

JUAN REYES OLLARVES: Oriundo de Coro, del 01-06-1956. Trabaja con el barro desde hace 15 años, su anterior empleo era de panadero. Aprendió con el maestro

Chucho Coello. Se siente bien pagado y reconocido su trabajo, aunque esté contratado sin percibir ningún beneficio.

ALEXANDER GOITÍA: Natural de Coro, de fecha 14-09-1979.   En la obra que ejecutan está encargado de madurar la cal, según lo que ha aprendido de sus compañeros. Lo reglamentario son 04 días, pero mientras mas tiempo pase, mucho mejor. Se sintió motivado a conocer del trabajo del barro por la conformación de las casas del centro histórico, pensaba que "algún día tendría la oportunidad de trabajar allí". Este empleo le resulta satisfactorio.

MARTÍN RODRÍGUEZ: Es Pedregalero, pero trabaja y vive en Coro desde hace 29 años. Su trabajo es de Entejador, y según palabras de Chucho Coello, es el mejor que se consigue en la ciudad. Aprendió este oficio con el señor Valois Ramírez, en Pedregal.

ARQUITECTO JOSENNYA NOROÑO: Natural de Paraguaná pero se considera serrana debido a que transcurrió su niñez en esta región. Presta sus servicios en la Oficina de Atención a Coro y La Vela, adscrita al IMP. Siente apego hacia el barro debido a que su familia vivía en casas de barro, tanto la materna como la paterna, y ella creció en ese entorno. Recuerda que la casa la reparaba un señor que le llamaban Erasmito, por lo pequeño de su estatura, motivo por el cual ella le tomó confianza hasta el punto que se metía en el pozo que el mencionado hacía para efectuar dicha reparación y dirigir el trabajo.   A pesar de que durante sus estudios tuvo contacto con el cemento, la tesis que elaboró fue basada en el barro, y tuvo como escenario el centro histórico de Santa Lucía, en Maracaibo. Fue su reencuentro con este material.

En su imaginación está desarrollar un programa que ella llama "Juguemos con el barro", con la finalidad de despertar en los niños y jóvenes el sentido de pertenencia, ayudarlos a que se identifiquen con   el barro y sus variedades.

Explica que el mantenimiento de las casas de barro resultaría menos costoso si se aplicara mas a menudo la limpieza, principalmente en los techos, que son los que mas sufren en tiempo de lluvia. Decaen las viviendas porque carecemos de la cultura de mantenimiento, un material va sustituyendo a otro precisamente por que poco nos preocupamos del sostenimiento de las mismas. Debemos fomentar en los mas jóvenes el amor hacia estas construcciones.

Glosario del barro, materiales correlacionados y de algunos de sus usos

Por José Millet

Bahareque: Para los habitantes de la Sierra de Coro, bahareque significa barro mezclado con yerba. Voz taína que designa las paredes de palo. Bajareque es un americanismo que designa a una pared de barro con armazón de palos y cañas y, en Cuba, una choza. Lisandro Alvarado en su obra **Glosario de voces indígenas de Venezuela** coloca la palabra bajareque y de inmediato la remite a la voz pajareque que identifica como un"vocablo antillano, casi siempre usado en la expresión adverbial DE PAJAREQUE, para indicar una construcción, cubierta o no, en que nel techo descansa sobre palos clavados en el suelo, y las paredes consisten en una armazón de madera englobada en barro y paja mezclados." **Obras Completas**, tomo I, páginas 57 y 296.297

Barro: El **barro** o **lodo**, es una mezcla líquida o semilíquida de agua y tierra o sedimentaciones. Geológicamente hablando, el barro es una mezcla de agua y partículas de polvo y arcilla. Los depósitos de barro antiguos se endurecen con el paso del tiempo geológico hasta convertirse en lutita.

Un **baño de barro**, usualmente con ingredientes especiales, se usa por motivos de belleza, salud o placer.

Arcilla. (De *argilla*). f. Según el DRAE, la arcilla es tierra finamente dividida, constituida por agregados de silicatos de aluminio hidratado, que procede de la descomposición de minerales de aluminio, blanca cuando es pura y con coloraciones diversas según las impurezas que contiene. || ~ **de alfarero.** f. La que, empapada en agua, da color característico, se hace muy plástica, y por calcinación pierde esta propiedad, se contrae y queda permanentemente endurecida. || ~ **figulina. f. arcilla de alfarero.**

Microsoft® Encarta® 2008. © 1993-2007 Microsoft Corporation. Reservados todos los derechos.

Arcilloso (a): Que tiene o abunda en arcilla o es semejante a ella.

¿Por qué no se caen las casas de barro de Coro, Patrimonio de la Humanidad, al cabo de más de cien años de haberse edificado?

Por José Millet

POLITICA ES PREVER.

No alcanzo a escribir el poema que me dicta el deber desde hace tres días en que he visto derrumbarse, gota a gota del barro milenario, la casa de barro donde estoy viviendo. Ubicada en el corazón de Coro, ciudad junto con el puerto La Vela de Coro, inscrita (1993) por la UNESCO en su lista famosa de Patrimonio de la Humanidad en virtud de constituir el patrimonio arquitectónico edificado en barro con el estilo más original y característico del Caribe, además de sus valores de patrimonio histórico. No lo he logrado escribirlo porque estoy bajo el trauma de haber visto venirse abajo muchas de esas casas que han sido y son íconos para la identidad regional, mucho tiempo enorgullecida de su amada ciudad mariana. Por tanto, levanto la vista ante el panorama de las lluvias que nos han bañado el rostro desde hace más de dos meses y me dispongo a comenzar este texto, continuidad de uno mayor publicado en la web, como un Cuaderno de Avances del Atlas Etnográfico cultural del Estado Falcón-Venezuela, en que venimos trabajando desde el Centro de Investigaciones Socioculturlaes que fundé y dirijo desde hace más de cinco años en el Instituto de Cultura del Estado Falcón (INCUDEF)... Pero estas son reflexiones y afirmaciones para la discusión, enfocadas a un futuro trabajo asentado en una investigación de campo más rigurosa. Para mí está claro que Coro logrará mantener su condición patrimonial, si se toman las medidas que debieron adoptarse desde hace muchos años, cuando varios prestigiosos intelectuales, luchadores sociales tanto de Coro como de La Vela y también periodistas alertaron sobre lo que se nos podría venir encima si se dejaba que las situaciones que apuntaban desde mediados de los ochenta del siglo pasado siguieran su curso inexorable, según ha sido reflejada en la prensa regional estos días de crisis en rememoración de dichas advertencias.

Mientras la Musa termina sus quehaceres en su Taller reservado a transmitirnos la verdad poética, adelanto unas breves notas para intentar responder la pregunta que le da título la presente comunicación. Al cabo de vivir alquilados en la referida casa de la calle Monzón número 69, entre Ampíes y Callejón Silva, he sostenido entrevistas con artesanos y Maestros del Barro, con los poetas César Seco y Benito Mieses, con el bachiller Mario Aular, cronista del barrio La Guinea- Curazaito donde estuve viviendo un tiempo prolongado y al que le he dedicado buena parte de mis estudios de este quinquenio...y la mayoría de mis interlocutores coincide en señalar que Coro es una ciudad de casas deshabitadas por sus dueños, que viven en Caracas, en otros Estados o fuera de Venezuela, poniéndole con su ausencia el aderezo indispensable para que se sitúen en riesgo de venirse al piso, por falta de ese elemento humano con que el barro se siente a plenitud de vida: el calor humano. La gente del barrio con que convivo en solares (sitios de recreación popular ubicados en casas de familia) y lunes de Bar Garúa, dicen que para el pensamiento oficial Patrimonio es el espacio abarcado por los límites de "cuatro calles" (sic)-- correspondiente al cacareado paralelogramo UNESCO—ubicadas en el mal denominado "casco histórico" de la ciudad, donde se invierte el recurso aprobado por el Ejecutivo nacional o regional, más el que supuestamente viene del exterior o de organismos internacionales, para mantener las casas de la antigua godocracia coriana sin ningún interés por parte de ésta en que no sea mantener bien una propiedad personal, tal vez de caras a que engorde su valor monetario con los altibajos de la oferta y la demanda y obtener pingues ganancias en una venta futura. En estos días de luto por la cantidad de casas de barro que se han derrumbado a consecuencia de las prolongadas e intensas lluvias, el escritor y pintor Benito Mieses me habló de la capital del Estado Falcón en términos de una "ciudad fantasma..." La casa referida que habitábamos, perteneció a la familia del célebre periodista coriano Gonzalo Márquez Yánez, y nos cuenta una de sus hijas que es su titular actual, que fue construida hace más de cien años por un Maestro Artesano del barro, que falleció hace poco más de 20 años. Me arriesgo a adelantar que se derrumbó por los siguientes motivos: 1.- Principal: el vecino de la casa contigua construyó un muro de bloques de cemento, dejó un pasillo de unos centímetros entre las dos casas por donde penetró y penetra el agua a la casa nuestra, intensificada durante estas últimas semanas, socavando la bases que hizo venirse abajo la estructura, muros del zaguán de entrada y de la saleta principal y las restantes paredes; 2.- Falta de mantenimiento preventivo y de reparación eficaz y oportuna por parte de los organismos oficiales, como el IPC, encargados de esta importante función; 3.- Falta de conocimiento de sus propietarios, herederos del mencionado periodista, de los saberes del barro, lo que los llevó a ponerse en manos de artesanos que hicieron trabajos de reparación chimbos (mal hechos) 4.- La vivienda permaneció cerrada cerca de año y pico, después de la muerte de la madre de la especialista en Medicina Integral General, Dra. Rebeca Véliz, familiar suyo que la habitaba en compañía de una sobrina; 5.- Los techos fueron acomodados mal durante la última "reparación" de la cual tomamos registro gráfico, lo que porovocó filtraciones al maderamen y a la estructura de cañizo, que hizo desprender el pañote del techo y filtrar las estructuras de bloques de adobe con que están construidos las paredes...

Esta causa de los vecinos cercanos que dejan estos pasillos entre casas contiguas, se repite en varias viviendas visitadas, como la de mi vecino, el actor de teatro y cine Alfredo Medina, quien acomete hoy con dinero de sus aguinaldos la reparación de las nefastas consecuencias acarreadas por esta situación irresponsable agravada por el mal tiempo, igual que lo está haciendo la mencionada médico de Barrio Adentro que nos alquiló su vivienda. Pero la cosa suele complicarse al extremo de tratarse de inmuebles que son íconos de la cultura de la región coriana y de toda Venezuela, como es el caso de la Casa de la Poesía de Falcón, situada en la calle Comercio entre Garcés y Buchivacoa. Es bueno decir que esta institución pertenece al Instituto de Cultura del Estado Falcón (INCUDEF), fue legalizada en el 2002 como una Fundación durante el gobierno del Lic. Jesús Montilla y es fruto de una dura y prolongada lucha de los poetas y escritores del patio, liderados por el entrañable hermano, poeta y narrador, César Seco y lleva el nombre de uno de los intelectuales de más renombre nacional: José Rafael Álvarez, autor de la novela Cita con duendes. La Casa además de ha sido sede de 7 ediciones de la Bienal Internacional Elías David Curiel, a los que han asistido los escritores más representativos de las letras venezolanas de hoy en día...
Los escombros de la casa de al lado que se derrumbó están minando los cimientos de esta venerable institución cultural que posee una biblioteca de literatura regional y los fondos de la poetisa revolucionaria Lidda Franco Farías, entre otros no menos valiosos documentos. Uno de los muros caídos en la casa de al lado está hiriendo el lateral de la Poesía...En fin, echemos un vistazo a las gestiones hechas al Instituto de Patrimonio Cultural y ante otros organismos para que tomaran cartas en el asunto en el momento oportuno en que el problema se empezaba a manifestar: se repite la historia de la desidia de los organismos que no dan respuesta o guardan el silencio cómplice desde sus poltronas burocráticas, a pesar de las innumerables gestiones que se han hecho desde hace varios años, según documentos que obran en archivo y el testimonio del propio César Seco, según lo he podido comprobar "en vivo y en directo": ?dejaremos morir otra institución cultural más?
Esperemos que la Casa de la poesía no corra la misma suerte del Museo de Arte Alberto Henríquez, incluida la habitación donde funcionaba la sinagoga...; de lo que quedaba del antiguo Ateneo de Coro (no la sede del actual); de las sedes de los registros subalternos y del Archivo Histórico Regional, bajo la custodia de la Universidad Nacional Experimental Francisco de Miranda, seriamente dañado y con riesgo de que su valiosa documentación

la perdamos para siempre... Mientras, seguimos insistiendo ante los mencionados entes que nos dicen que van a ir mañana y ni envían un mensaje de texto para excusarse o dar una explicación...

Basado en los estudios que estamos realizando desde hace varios años y los contactos diarios don los Maestros Artesanos de Coro, señalé en la entrevista que me hicieron comunicadores de periódicos locales que no existe una verdadera Escuela de Estudios Superiores enfocados al barro, a la transferencia de los saberes ancestrales heredados por el reducidísimo número de estos Maestros Artesanos que nos quedan en la ciudad y en el Estado. Si bien el IUTAG y la Escuela Taller de oficios han venido dándole seguimiento a estos estudios, lo hacen de manera desarticulada, igual que otros centros de educación universitaria; no existe la real transferencia de estos saberes de los mayores a los artesanos y quienes habitualmente reparan estas casas lo hacen sin este nivel de dominio de experiencia y calificaciones técnicas. En nuestras entrevistas con Maestros y artesanos del barro, lo hemos comprobado fehacientemente desde hace varios años, tal y como lo hemos publicado en la web y lo tenemos preparado en el cuaderno de Avances del Atlas Etnográfico del Estado Falcón dedicado al tema. Se carece, o al menos en incompleta en su aplicación, de una política de atención a las casas de barro de los barrios y las urbanizaciones donde este tipo de construcciones son predominantes. Hay que preparar a la sociedad organizada en consejos comunales acerca de esta temática.

Queda por responder la pregunta: por qué no se han caído la mayoría de las casas de barro de Coro? Por el cariño de sus moradores, dueños o no, que están atentos a los detalles por donde se cuela el diablo, han seguido dándole mantenimiento preventivo y le aplican los correctivos a sus casas tan pronto como aparecen. El amor a sus bienes patrimoniales les pone el calor que el barro exige para mantenerse vivo y ser parte de la familia que lo usó para construir un espacio de intimidad y dedicación consecuentes .Al convertirse en parte del patrimonio transmitido de generación en generación, esos saberes ancestrales son usados convenientemente en los ciclos pluviométricos conocidos, según nos lo hizo patente Mario Aular, quien nos aleccionó largamente acerca del proceder de su padre con la vivienda patrimonial que resistió el embate del tiempo y de las inclemencias de la Naturaleza, sin que sus estructuras cedieran. Como esa casa ubicada en un barrio humilde de Coro, hay miles en el resto de la ciudad, en sus parroquias foráneas y en el Estado Falcón en su conjunto, donde predominan...Es tema sobre el cual seguiremos reflexionando y escribiendo, con la intención de suscitar una discusión productiva para todos, en razón de que, de no introducirse los cambios en este momento, los daños serán realmente irreparables en un futuro inmediato.

De las situaciones extremas, como la que estamos atravesando en nuestro Estado, hay que sacar experiencias positivas, una de ellas se refiere al patrimonio edificado en barro y los saberes que atesoran los mencionados Maestros, quienes están siendo atendidos últimamente por los los organismo oficiales encargados por ley del asunto, pero el tiempo ha pasado y la muerte ronda en cualquier esquina. hay que hacerlo sistemáticamente y usarlos como docentes para que formen facilitadores que preparen a la sociedad en el uso adecuado del barro, visiten las escuelas, preparen a los educandos en los valores que entraña este patrimonio en riesgo de perderse definitivamente si no adoptamos oportunamente las acciones contundentes en el momento oportuno, no nen medio de la tormenta que se nos ha echado encima. Espero que nuestro cuadernos de Avances del barro al fin halle algún oído receptivo para que sea publicado y llevado a las escuelas y familias corianas, de todo el Estado y Venezuela; mientras, puede ser consultado en la web, donde lo colocamos hace mucho, mucho tiempo.

Coro, 2010.XII.09

. Texto original que escribí bajo el impacto emocional de la casa de barro que casi se nos vino encima en la calle Monzón, entre las calles Ampies y Callejón Silva…y fue publicado en mi cuenta de la red social Facebook (https://www.facebook.com/note.php?saved&¬e_id=176222389072200) el día viernes nueve de diciembre del año 2010, donde el poeta y narrador Cesar Seco escribió el siguiente comentario:

César Seco

Ah mundo Coro! Sólo queda novelarla. En "Con los zapatos puestos" el libro de Luis Alfonso Bueno se nos invita a hacerlo. Como Praga, como Dublin es una ciudad que es toda poesía… pero nadie entra en cuenta de ello, unos viven en un pasado detenido y otros corren desaforados a un "progreso" que no termina de llegar. Su siempre dolido barro que ahora se derrumba sólo puede resucitar en el insuflado aliento de la poesía… pero una cosa es cierta, en algunos casos vale distanciarse de la ciudad (no de sus gentes) para poder novelarla con la verdadera poesía que de ella emana. Ella te aplasta o te ofrece sus engañosas dádivas oficiales para las que siempre debes tener la entereza de no tomar, porque allí si te liquidan antes que te mueras en la fatuidad de los aplausos

Ficha de los autores
José Millet (Cuba, 1949_) Escritor y antropólogo, se desempeña como jefe-fundador del Centro de Investigaciones Socioculturales del Instituto de Cultura del Estado Falcón, en el que elabora el **Atlas Etnográfico del Estado Falcón**, del que forma parte la presente publicación. Premio nacional otorgado por el Ministerio de Cultura de la República de Cuba por el libro **El vodú en Cuba**, originalmente publicado en República Dominicana en el 1992 y luego, en 1998, en Santiago de Cuba, donde graduó en la carrera de Letras y trabajó como docente en la Universidad de Oriente. Fue uno de los creadores en 1982 de la Casa del Caribe, institución catalogada como Centro de Investigaciones por el Ministerio de Ciencia, Tecnología y medio ambiente.

Bibliografía

Fuentes orales y documentales consultadas en la presente publicación:

Orales

Entrevistas, conversaciones y recorridos por Coro, La Vela y el Estado Falcón hechas a o en compañía con los Maestros del barro Jesús Chucho Coello, Jesús Chucho Morillo, Eduardo Guanipa, Yayo García y numerosos artesanos del barro. También con el croniusta comunitario del barrio Curazaito, Lic. Mario Aular Chirinos.

Documentales, bibliográficas y digitales

Alvarado, Lisandro: **Obras completas**. Caracas, Fundación la Casa de Bello, 1984.

Archivos del Centro de Investigaciones Socioculturales del INCUDEF y del Instituto de Patrimonio Cultural del Estado Falcón.

Atlas de tradiciones venezolanas. Caracas, Fundación Bigott, sin fecha.

Atlas Etnográfico del Estado Falcón. Volumen I, Fiestas y tradiciones culturales, en el web site http://issuu.com/incudef/docs/atlas_etnografico_del_estado_falcon_para_la_web_

Catálogos del patrimonio cultural venezolano. Caracas, Instituto de Patrimonio cultural, 2004 y 2005.

Centro de Patrimonio Mundial de la UNESCO: http://whc.unesco.org/

Pequeño Larouss ilustrado. Paris, Editorial Larousse. 1964.

Wikipedia;http://es.wikipedia.org/w/index.php?search=Construcciones+en+barro&title=Especial%3ABuscar&fulltext=1

2.1.7 **Las Turas, nacimiento del hombre del maíz**.

Coro, Estado Falcón y Lara-Venezuela

José Millet autor-editor

José Millet autor-editor

Libro electrónico:

Las Turas, nacimiento del hombre del maíz. Coro, Estado Falcón y Lara-Venezuela

En colaboración con los licenciados Oscar Lázaro, Eduardo Concepción, TSU Enna Zavala, Br. Luis Cazorla y el TSU Enzio Provenzano Clark.

Incluye **Bibliografía**.

Depósito Legal MI2016000361
ISBN

Fundación Casa del Caribe
Avenida Alí Primera, Calle Principal, casa 29,
Sector La Cruz, Los Teques, Municipio Guaicaipuro,
Estado Miranda, República Bolivariana de Venezuela
0416-2168703 y 0412-5960330
José Millet: milletjb3000@gmail.com

A la memoria del finado Capataz de Las Turas **Hipólito Casiano Castillo** y de mi amigo el chamán **Rodolfo Garcés**, de la comunidad agrícola San Pedro de Mapararí y, en su nombre, al de todos los creadores y sostenedores de tradiciones festivas, ancestrales y populares de nuestra región Curiana.

Nota del auto-editor:

Continuamos las publicaciones impresas correspondientes al **Atlas Etnográfico Cultural del Estado Falcón-Venezuela y el Caribe**, obra sin precedentes en nuestro país por su enfoque y alcance, en la que venimos trabajando desde mayo del 2007, a partir de la firma de convenios con el Instituto Cubano de Antropología, perteneciente al Ministerio de Ciencia, Tecnología y Medio Ambiente de la República Cuba, que brindó valiosas herramientas metodológicas y experiencias a partir de su decisiva participación en la confección del **Atlas Etnográfico de la República de Cuba** y con otras instituciones de la región, como la Universidad Nacional Experimental Francisco de Miranda (UNEFM) a través de su Centro de Investigaciones arqueológicas, antropológicas y paleontológicas (CIAAP), y la gerencia regional del Instituto Nacional de Estadísticas (INE), entre otras.

La invitación a involucrarse activamente a este proyecto creador fue extendida a cuantas entidades y personalidades realizan estudios ubicados en las ciencias sociales y humanísticas en el Estado. Como valor agregado a la utilidad de la producción de conocimiento, que es el objeto principal de nuestra labor, llamamos la atención acerca de la perentoria necesidad de que las comunidades participen activamente en el proceso creador del Atlas, en razón de que sus son ellas, a un tiempo, el objeto principal y el sujeto protagonista del quehacer relacionado con la reconquista de la memoria colectiva y también de la promoción de sus creaciones más trascendentales, y las que están mejor preparados para enfrentar los factores que actúan en favor de su debilitamiento y deterioro.

El equipo de nuestro Centro de Investigaciones Socioculturales (CISC), integrado por los entonces Asistentes de Promotores Culturales, el Lic. Eduardo Concepción y el Lic. Oscar Lázaro, la TSU Enma Zavala, el folklorista Luis Cazorla y el TSU en turismo Enzio Provenzano, estos dos últimos del Departamento de Cultura Popular de nuestro INCUDEF, se ha aplicado desde entonces, paciente y laboriosamente, mediante eventuales investigaciones de campo y entrevistas, a acopiar información y documentación relacionada con los bloques temáticos de que se compone la obra. A partir de sucesivos esquemas del Atlas, esa data ha sido alojada en uno de los ordenadores del CISCEF, donde quedará alojada definitivamente para que nos sirva del material imprescindible del que partiremos para seguir construyendo el Atlas y divulgarlos a través de numerosas modalidades de publicación impresa y digital, como lo hemos venido haciendo en Internet. Así, partiendo de esta definición de que el Atlas es, en primer término, una base de datos, hemos ido echando mano a sus contenidos para publicar algunos materiales en Internet (ver, por ejemplo, el sitio web de nuestro Atlas: http://sites.google.com/site/atlasdelestadofalcon/ y el sistema de blogshttp://atlasetnograficodefalconvenezuela.blogspot.com y www.aliprimerajosemillet.blogspot.com además de www.archivocubano.org y www.afrocubaweb.com, en los que se incluye este propio cuaderno de las fiestas). Simultáneamente, hemos ido elaborando cuadernos para su ulterior publicación en forma impresa: como el que acaba de imprimir dedicado a una manifestación ancestral precolombina del pueblo ayamán conocida por el nombre de Las Turas y mi libro **Alí Primera. Biografía documentada y testimonial** en la que venía trabajando desde hace varios años y que incorporamos a la sección de personajes de alto significación en lo que es la identidad coriana y, tal vez, la *falconía*.

Concepto de fiesta usado aquí

La fiesta o las fiestas son aquellas tradiciones o costumbres trasmitidas de generación en generación por la vía oral y que se concretan en un espacio en que tienen lugar un conjunto de actividades con los que un grupo social celebra un hecho de significación para la vida humana o para el colectivo que las ejecuta de un modo especial. Así, a guisa de ejemplo, constituyen hechos de significado para una familia o colectivo suprafamiliar el nacimiento, el día del onomástico o cumpleaños, o la llegada a la edad de fertilidad o de situación de aptitud para contraer matrimonio de una persona, los cuales se convierten así en motivos para reunirse, compartir e intercambiar cosas de dos naturaleza: invisible, como recuerdos, experiencias y material, como bebidas y comidas, en un ambiente de intimidad, confianza, alegría y diversión, en los que se puede incluir la danza, el baile y la ejecución musical en vivo o grabada, entre otros eventos. Debemos recordar que entre los actos que se ejecutan en este espacio de alegría y distracción se encuentran los juegos, una de cuyas acepciones es la de festivales y espectáculos, según la el **Diccionario** de la Real Academia Española, 1984: 801. De modo que existe una amplia espacio común en que juegos y fiestas coinciden, siendo la pura diversión y recreación lo que los distingue de otras tradiciones culturales y artes creativas incluidas en nuestro Atlas.

Cuando las fiestas se ajustan a patrones ceñidos a las reglas de determinados grupos sociales se convierten en ***rituales***, que deben ser ejecutados ajustados a tales normas suyas, como ocurre en un matrimonio; y cuando se ajustan a los cánones de una institución civil adoptan el carácter de una solemnidad, de cosa seria que se repite casi mecánicamente sin márgenes a la creatividad y la posibilidad de innovación, que la aparta así de esta connotación lúdrica antes referida con el objetivo de llamar la atención acerca de los conceptos de fiestas, juego y de otras manifestaciones conexas. Este último caso puede ser ilustrado cabalmente con las fiestas religiosas que tienen lugar en las naciones pertenecientes al Occidente judeo-cristiano, con predominio de las impuestas por la tradición religiosa de la Iglesia católica, que en sus celebraciones exige apegarse de modo absoluto y total a las formalidades y a la reglamentación estricta del canon establecido por la institución y por su cuerpo de sacerdotes que lo hacen cumplir estrictamente. Para este caso, preferimos hablar de ***festividades*** religiosas, marcadas por la solemnidad y el "enseriamiento" de los actos, distante y opuesto a la actitud de entrega a la diversión y al entretenimiento que tienen para mí los actos que forman parte de las fiestas en su sentido originario.

Trabajos de investigación y antecedentes de este folleto.

Oportuno es recordar que nuestro equipo de estudio hizo una revisión documental minuciosa en bibliotecas y archivos locales, así como una la investigación de campo rigurosa para elaborar un estudio comparativo entre dos comunidades emblemáticas de la cultura regional: el barrio coriano La Guinea y la comunidad rural Macuquita. En este estudio fue decisiva la participación de dos personas sin cuya intervención hubiese sido imposible haber podido llevar a buen término aquella meta que se concretó en la restitución del nombre original del referido asentamiento urbano y su declaración como Patrimonio Cultural e histórico del Municipio Miranda al que pertenece. No sólo los nombres del actual licenciado Mario Aular Chirinos y del bachiller Luis Cazorla, sino el reconocimiento a su autoría quedaron claramente establecidos en el libro **La Guinea, barrio afrocaribeño de Coro.** En aquella obra, publicada por INCUDEF en 2007, fruto de aquella labor de estudio de importancia pionera, tuvimos el primer acercamiento a fiestas y tradiciones culturales de nuestro pueblo que ahora incluimos en el presente folleto y en otros que le continuarán, como determinadas costumbres funerarias y las de la bajada del ángel, la del Niño Jesús, la de San Benito, la de San Antonio y, naturalmente, la relacionada con la fiesta mayor del tambor coriano, representado magníficamente por Olga Camacho y su agrupación La Camachera.

Bajo aquel impulso inicial, Luis Cazorla terminó por descubrirse como lo que es: un magnífico investigador, que se ha aplicado desde entonces a sistematizar todo la información acumulada durante muchos años de estudio y a escribir para darla a conocer en forma de libros, entre los que cabe mencionar aquí su **Calendario de fiestas populares tradicionales del Estado Falcón**, por cuyo empleo aparece entre los autores de la presente obra, con toda propiedad y justicia.

El presente folleto ofrece un repertorio de los acontecimientos, de gran importancia para la cultura de un colectivo, que denominados *fiestas*, cuya acepción más general se refiere a espacios en que la gente se reúne para compartir en una atmósfera donde predomina la alegría, el entretenimiento y las actividades meramente recreativas en que se comparten música, comidas, bebidas e incluso puede bailarse informalmente y con total relajación, situación muy propicia para la improvisación, la risa, el chiste, las mascaradas y el juego. Aparentemente, según lo observamos en el día a día y particularmente los fines de semana del venezolano, se trata de hacer que los hechos que nos rodean nos hagan permanecer felices y contentos, tanto en lo corporal como en la esfera de las emociones y del espíritu. Parecería que en estadirección se encuentra el camino de ese estado que llamamos convencionalmente la felicidad. Mas, existe un fondo que debe ser tomado en cuenta si queremos acercarnos al verdadero sentido de lo que es la realidad, en la que hay que tomar en cuenta los opuestos, donde todo no puede ser placer sin fronteras. Remite a la unidad de la vida, con sus extremos opuestos, del nacimiento y la muerte, genialmente vistos en la intuición de Nietzche en su obra **El origen de la tragedia**. En aquellas fiestas ancestrales predominaba la orgía y la absoluta liberación de las fuerzas creadoras de la criatura humana denominadas simbolizadas en Baco, de ahí su calificativo de *fiestas báquicas,* de las cuales surgieron diversas artes como las dramáticas, mientras que algunos pueblos construyeron otras tradiciones en que reafirman su identidad e unidad indisoluble, como lo observé repetidas veces en Galicia con su reafirmación del fondo ancestral celtíbero mediante la celebración del día de San Juan, realizada cada año el 24 de junio y pueden ser observadas en nuestra región caribeña en los famosos carnavales de Rio de Janeiro, Trinidad Tobago o Santiago de Cuba.

En consecuencia, las fiestas remiten a espacios en que se aclama el nacimiento de un niño, el rito de echarle agua si no tiene a mano un cura sino un cura de sabana o alguna persona de prestigio comunitario, su circuncisión en el caso de ser judío, su bautizo en la iglesia si es cristiano, su cumpleaños y los denominados "ritos de pasos" con que el grupo al que alguien pertenece marca momentos de gran simbolismo, como la entrada en la edad de la fecundidad—en términos locales las populares fiestas de quince años, por ejemplo. A veces estos eventos iniciáticos tienden a ser consagrados socialmente o institucionalmente, como cuando estas uniones sexuales consensuales con que consumamos la unión que garantiza la continuidad de la especie humana adquieren el carácter de matrimonios realizados en el seno de una comunidad o en presencia de una institución religiosa, como puede ser una iglesia o simplemente la comunidad de hermanos con que comparte ideas, creencias y principios sujetos a una ética religiosa, como es el caso de las religiones protestantes o aquellas de otra base étnica, como las de las religiones afrocaribeñas. A menudo no tomamos en cuenta las ceremonias mortuorias que tienen lugar en nuestras sociedades locales caribeñas de base africana, como las que ocurren en algunas islas del Caribe donde las honras fúnebres constituyen verdaderos festivales con predominio del juego, los cuentos orales, la música, danzas y bailes colectivos con que sus miembros despiden el alma del fallecido, lo llevan al cementerio y luego conmemoran su regreso al seno de su comunidad mediante banquetes fúnebres en que se come y brinda colectivamente. Estas celebraciones las hemos observado en República Dominicana, Cuba, así como sus reminiscencias permanecen vivas en comunidades rurales de la Sierra Coriana y con rasgos propios en las que tienen lugar en comunidades de fuerte base afro, como La Macuquita, ubicada en su pie de monte.

También a esta categoría de celebraciones festivas pertenecen los banquetes y los simposium, así como otras de carácter menos "civilizado", como las famosas ***fiestas campestres***, que tienen lugar a cielo libre con absoluto predominio de actividades de competencia y de juegos tradicionales, muchos de ellos en procesos de desaparición. Asimismo, puede referirse a un conjunto de actividades con que se exalta u honra un hecho o a alguien con alta significación para un grupo humano, sea éste reducido numérica o territorialmente o, por el contrario, del mayor número y extensión espacial físicamente hablando, como es el caso de una nación como Venezuela, donde se celebra la fundación de un pueblo o el encuentro de pueblos y culturas que hoy se celebra aquí como el Día de la Resistencia Indígena, en sustitución de la la racista "Día de la Raza", fiesta con que antes se conmemoraba el supuesto "descubrimiento de América", atribuido al intrépido navegante Cristóbal Colón, realmente aquel aventurero e inescrupuloso jefe de la empresa de conquista capitalista de nuestro continente que se inició con su desembarco el 12 de octubre de 1492, en la isla Guhananí, frente a las costas sureñas del oriente cubano.

A partir de la colonización de nuestro continente, se impuso a nuestros pueblos originarios que lograron sobrevivir al exterminio, la cultura judeo-cristiana y, como consecuencia a mediano y largo plazo hasta el presente, el enfoque impuesto por la visión dominante de los Imperios de la Europa occidental cristiana, apostólica, romana o protestante-- en el que quedaron insertas luego las sociedades criollas y nacionales del continente americano-- las refiere al concepto suyo de *lo sagrado*, referido a la Santísima Trinidad, de Jesuscristo, la Virgen María, los ángeles y acontecimientos notables de la vida del Hijo de Dios y de los santos. Al adoptar este punto de vista, estamos entonces obligados a referirnos a las *fiestas fijas* o que se celebran cada año durante una fecha fija y las *fiestas movibles*, cuya pauta temporal depende de cuándo caiga la Pascua florida; en este sentido, hay fiestas universales que se realizan en las naciones cuya religión oficial es la católica, la musulmana o la judía, nacionales, regionales y étnicas, como ocurre con las celebraciones de los pueblos errónea y discriminatoriamente denominados "indígenas", por ejemplo. En cuanto a este último tipo de fiestas, en nuestra región falconiana tenemos algunas de relieve especial, como la que se realiza en diciembre de cada año en el Puerto de La Vela de Coro, derivada de las *Fiesta de los Locos* que tiene su origen en el cristianismo medieval derivado de las fiestas Saturnales romanas y realizadas como ésta en el último mes del año. Todavía se mantiene el gran regocijo popular que se desborda en los barrios y en paseos de pequeños grupos de personas que se atavían con vestuarios fastuosos y existen también debilitados trazos de aquellas representaciones que se daban a nivel de la vida parroquial en que se recordaba la huida de la Sagrada Familia a Egipto, el sacrificio cruento de los Niños Inocentes y la Burra de Balaam, por la cual esta celebración recibió el sobrenombre de fiesta de los asnos, en la que elegían dignatarios tales como el Papa de los tontos y el Cardenal de los idiotas, por lo cual fueron suspendidas en países de tradición liberal como la ilustrada Francia, donde tuvo que intervenir su parlamento ante el fracaso de las prohibiciones eclesiásticas.

Contrario a lo afirmado por nosotros en nuestras primeras obras publicadas sobre el carnaval caribeño en la década de los ochenta, la fiesta no es sólo una solemnidad, religiosa o no, con que se conmemora un acontecimiento o una personalidad culturalmente importante, sino un evento de mayor alcance que puede relacionarse incluso con la producción material, como tiene lugar palmariamente en el caso de la tradición amerindia Las Turas. Estamos en presencia de un conjunto de acciones, ritos y ceremonias relacionados con la siembra, la cosecha y el procesamiento del maíz, del cual nació el Hombre, según este pensamiento mítico afortunadamente vivo en nuestra región falconiana. Desde el inicio mismo de la elaboración de nuestro **Atlas,** hemos insistido en el hecho de que. en la cultura, son más importantes los procesos de creación, mantenimiento y transmisión de símbolos que los productos finales a que estos procesos dan lugar, de ahí que hayamos montado más de 150 de estos procesos en forma de diagramas montados con fotos para demostrarlo, entre los que están los incluidos en este cuaderno acerca del proceso de ritos de propiciación y de elaboración del maíz para obtener la chicha, bebida que se consume a manera del cuerpo y la sangre del maíz, en sustitución de la de Dios, en acto similar al de la consustanciación consagrada por Jesús mediante la Eucaristía, luego de la famosa cena pascual en que anuncia su muerte por la traición de uno de sus doce Apóstoles.

En conclusión, las fiestas tienen lugar en todos los ámbitos de la vida social y no exclusivamente en la esfera religiosa, como puede desprenderse de este esquema eclesiástico. Y, en consecuencia, aquí ofrecemos una selección de las diferentes singularidades en que esta diversidad de celebraciones se ha expresado a lo largo del tiempo y se muestran hoy, públicamente, en diversas localidades de nuestra región con su sello característico. El presente Cuaderno de Avances del Atlas, no obstante, arrastra una limitación fruto de que la mayoría de las festividades que se registran en los libros y en las publicaciones periódicas consultados para su elaboración son aquellas con que la Iglesia católica, como instrumento de dominio ideológico y clasista, ha pautado como las solemnidades predominantes o en la exaltación de la memoria de un santo, habiéndolas convertido en las famosas "fiestas patronales", de carácter, pues, eclesiástico. Para desvirtuar este error metodológico, estamos en el deber de recordar que la primera acepción de la palabra *fiesta* es la de diversión o entretenimiento no sujeto a norma o regla de esta última índole, y, justamente, así queda ratificada en el primer significado dado por el Diccionario de la Real Academia de la lengua española (DRAE), al referirlas a las solemnidades nacionales con las que una sociedad rinde tributo a determinados acontecimientos o personalidades consideradas por la gente como *históricas* o de alta significación social. ¿Quién puede negar que el día de la independencia nacional del yugo del Imperio español y el del nacimiento de El Libertador Simón Bolívar no son motivos para desatar la alegría, levantar las copas y bailar colectivamente, reforzando el sentimiento de la unidad nacional? Las fiestas patrias son eventos inscriptos en el núcleo de la conciencia del pueblo como dignos de la mayor exaltación y pertenecen a la cultura con toda propiedad y profundidad de este concepto. Pese a que la consideramos como el esfuerzo mayor por proporcionarnos una visión de conjunto de la cultura popular venezolana, lamentablemente, ninguna de estas fiestas civiles están registradas en el **Atlas de tradiciones venezolanas**, de la Fundación Bigot ni en la cantidad y fundamentación cualificada que exige el rigor de las ciencias sociales y humanísticas—lo que es aun más grave-- en los recientes **Catálogo cultural venezolano** del Instituto del Patrimonio Cultural del Ministerio de la Cultura que, de haberlas incluido, las hubieses declarado patrimonio de la nación, como lo son sin lugar a dudas, con su consiguiente tratamiento sujeto a la ley que las protege y regula para que se consoliden los valores de que son portadoras.

Ofrecemos aquí el registro tanto de aquellas fiestas que permanecen sembradas en lo más profundo del inconsciente colectivo --o sea, las más tradicionales-- y de aquellas otras que se hayan extendido en la sociedad al punto de de ser identificadas como las de mayor aceptación social actualmente, o sea, las calificadas de populares. Nos hemos esforzado en presentar, al menos, un conjunto de las incluidas en la tipología de fiestas terrenales, seglares o civiles y de las de pauta religiosa. A la manera de fichas preliminares procesamos y presentamos la información obtenida de algunos de libros, dc publicaciones periódicas y mediante entrevistas realizadas en investigaciones de campo en que las hemos observado, hayan tenido lugar aquéllas en sus propias comunidades o fuera de ellas. Estamos conscientes de que han quedado fuera muchas otras que, con igual derecho, estamos obligados a registrar e incorporar en ulteriores publicaciones. Quedamos en deuda con miembros de comunidades y grupos portadores de tradiciones culturales, quienes nos han ofrecido sus testimonios e, incluso, también escritos de puño y letra como los incluidos en Las Turas por portadores de San Pedro y de Mapararí, lo que multiplica el valor de este cuaderno.

Estas fuentes primarias han sido reforzadas con la información extraída de los 12 catálogos correspondientes a igual cantidad de municipios del Estado Falcón, los cuales nos han sido, amablemente, facilitados por el Instituto de Patrimonio Cultural y que están basados en entrevistas realizadas a numerosas personas de la región, por lo que podemos afirmar que nuestra publicación está firmemente anclada en este tipo de fuentes. Su fichaje y redacción las realizaron Pedro Eduardo Concepción y Enna Zavala, quienes aparecen pues como redactores del presente folleto; yo los revisé e hice algunas anotaciones que publiqué originalmente en la web, mientras que, inicialmente, la corrección de estilo corrió a cargo del escritor Gregorio Menéndez.

Las presentes notas más que una presentación formal de una colección o de una serie, constituyen la reiteración del hecho de que nuestra obra marcó un antes y un después en lo que respecta a los estudios etnográficos y de la sociología de la cultura en Venezuela. La verdadera presentación la harán las comunidades, en cuya historia y tradición culturales todas estas publicaciones se sustentan, una vez sus miembros se mantengan despiertos siempre y se dediquen a elaborarlos desde su perspectiva original y su óptica popular. Lo abrimos con el Cuaderno dedicado a Las Turas, porque en más de un aspecto se trata de la manifestación de lo más simbólico de cuanto ha permanecido vivo de la vida espiritual de nuestros pueblos originarios en nuestra región: aquí están sus voces, las de quienes han mantenido y transmitido tanto sus contenidos como sus expresiones características, de generación en generación hasta el presente. De su puño y letra tomamos su explicación e interpretación de este fenómeno de la espiritualidad que deberá ser tomado más seriamente en cuenta. Esas voces se unen a las nuestras, en calidad de estudiosos del hombre y de sus creaciones, como un llamado a que deberemos trabajar juntos de aquí en adelante para alcanzar los objetivos y las metas que nos hemos propuesto. Este cuaderno no es sin no un medio más con que queremos llamar la atención del destinatario al que van dirigidos nuestros esfuerzos: las comunidades y, dentro de ellas, los docentes que sabrán identificar y llevar a la conciencia de sus educandos los valores de alto contenido movilizador y belleza creados por ellas, mantenidas y fortalecidas cada vez más gracias a este modesto esfuerzo de formación y exaltación de su espiritualidad.

Lic. José Millet,
Jefe del CISC

| **FIESTA** | **FECHA** |

Ancestral-amerindia Variada, generalmente: 23 y 24 de septiembre.
24 de junio o cualquier otra fecha que se solicite un "son de turas"

LUGAR

Municipios Federación y Unión del Estado Falcón. Poblados rurales de
Siquisique, del Estado Lara y Portuguesa.

Naturaleza de esta celebración étnica, en apariencia festiva

Las Turas es una tradición precolombina mágico-religiosa, que es practicada
por los descendientes del pueblo Ayamán, según estos mismo reconocen. Con
ella se solicita a la naturaleza buenas cosechas y se le agradece por las ya
recogidas. El territorio del pueblo ayamán estaba conformado por las tierras
que ahora ocupan los Municipios Federación y Unión, de la sierra falconiana y
por el cerro de Moroturo y Siquisique, en el Municipio Urdaneta, región norte
del Estado Lara. La voz *tura* es la mazorca de maíz en espiga, a la que están
saliendo los granos. Tura es también la flauta que acompaña al rito y está
hecha de carrizo. La Tura Macho tiene tres orificios y la Tura hembra dos
orificios.

Las Turas se celebra en diferentes ocasiones. Puede ser cuando un agricultor
hace una promesa y la paga con un son o danza de turas en su conuco,
plantación o en su "patio"; o en las fechas establecidas en cada pueblo o
comunidad turera. "Patio" llaman los tureros el sitio específico donde
regularmente se monta el altar alrededor del cual "bailan" los sones de Turas.
El altar consiste en una rústica construcción, de unos tres metros de alto,
donde se entrecruzan ramas de plátano, palma, flores y varas de caña
de azúcar. Al centro de este altar una o más cruces, a veces vestidas con
coloridos papeles, otras veces desnudas; de madera o metal, pero siempre
rodeadas de las ofrendas a los santos, espíritus y a la Madre Naturaleza y que
consiste en frutos de las cosechas, como tomates, naranjas, yucas, granos,
aguacates, piñas, parchas y otras. También cesterías y taparas en diferentes
formas. Por supuesto no falta la "chicha", que es preparación exclusiva de la

Reina y las bebidas espirituosas con las que se rocían las gargantas y el altar; generalmente, cocuy de penca.

Las Turas se presenta en dos formas: Tura grande y Tura pequeña. La Tura grande es de carácter privado y se celebra en lugares secretos por los descendientes ayamanes. La Tura pequeña, de carácter público, se celebra durante toda la noche, en los "patios de turas".

Las Turas presentan una jerarquía conformada de la siguiente manera: El Capataz, El Mayordomo o Shamán, La Reina, los tureros, cacheros y danzantes. Cada quien tiene una labor específica dentro del ritual. La Reina, por ejemplo, es la encargada de preparar la chicha y/o la mazamorra de maíz, así como el hervido o sancocho; ayuda en la construcción del altar, enciende las velas que alumbran la cruz del altar, brinda ante el árbol de la basura y lava los utensilios empleados en el rituaL. El Capataz, quien junto a la Reina es elegido por los espíritus de la naturaleza, entre otras funciones coordina la dirección de la danza; ya sea en sentido de las agujas del reloj, ya sea en contra; dirige las plegarias a los espíritus y a los santos, entre son y son. Los tureros, (generalmente son hombres, a excepción de Las Turas de Los Cañitos, en el Municipio Unión, donde también "turean" mujeres) que danzan alrededor del altar, en un sentido y en otro y que ejecutan las turas, los cachos, las maracas y las taparas; y finalmente las danzantes por fuera, generalmente mujeres, aunque también lo hacen unos pocos hombres, quienes agarradas (os) por la cintura marcan acompasadamente tres pasos hacia delante y tres hacia atrás, dándole vueltas al altar. Algunos tureros nos informan que los tres pasos hacia delante significan "que las cosechas sean abundantes" y los tres hacia atrás "la solicitud o pedido por una lluvia copiosa".

José de Los Santos Castillo y Ángel Colina, tureros de **San Pedro de Mapararí,** nos dicen que los instrumentos que se usan en el rito de **Las Turas** son: **Turas macho**, de tres agujeros y **Turas hembra,** de dos y que son flautas hechas de carrizo. **Los Cachos**, que son el frontal o frente del venado, o matacán, se dividen en: **Cacho grande**, que agujereado apropiadamente, da un sonido grave. **El Cacho mediano**, hace el dúo al grande y **el Cacho pequeño**, "que representa el son que se está tocando". **Las maracas**, con pequeños agujeros en la tapara, rellenas con capachos y pedacitos de zinc y **las taparas**, a las que se sopla por un agujero y dan su sonido particular **Según José de Los Santos Castillo, Las Turas** constan de **siete (7) sones: La Paloma,** que significa respeto y agradecimiento a los espíritus de la naturaleza y a los ancestros. **El Gonzalito:** En este son, el ave llama a los animales de caza a las aguas vivas, para que se manifiesten como espíritus. **El Sapito**: Son que representa a la lluvia y a los ojos de agua viva. **El Cucurucú**: Son que representa a los difuntos. **La Guacharaca**: Representa este son a la montaña y a los cazadores. **El Son de El Venado**: Este son es para agradecer la comida del día de la fiesta donde se den sones de Turas y por último el **Son de La Hormiga**: que es para pasarla bien, convivir, que no haya pelea ni disgustos en las noches que se dancen sones de Turas.

Las Turas/ Eduardo Concepción

CRÓNICA

Muchos podrían ser los motivos para visitar esa gran región del sur del Estado Falcón, en sus municipios Federación (capital Churuguara) y Unión (capital Santa Cruz de Bucaral), limítrofes con el Municipio Urdaneta de la parte norte del Estado Lara. Uno de esos motivos significaría adentrarse en territorio de los descendientes de los aborígenes "Ayamanes", para ver y vivir una experiencia mágico-religiosa única en el mundo: **Las Turas**.

Las Turas es la ceremonia mediante la cual el pueblo Ayamán agradece a los santos, a los espíritus y a la Madre Naturaleza, por las buenas cosechas recogidas y por recoger. Esta ceremonia es llevada a cabo por "Los Tureros", especie de cofradía con una sencilla jerarquía que comanda "El Capataz" y a quien le sigue "La Reina" y a ésta los Tureros: músicos-danzantes; y que termina con las "danzantes" o bailadoras.

Intentaré narrar entonces la experiencia vivida en "La Duquesa", pequeña finca cercana al caserío Los Cañitos, a 20 minutos, más o menos, de Santa Cruz de Bucaral; en plena sierra falconiana. Llegamos, Oscar Lázaro y yo, Eduardo Concepción; promotores del Centro de Investigaciones Socioculturales del Instituto de Cultura del Estado Falcón, a dicha finca el día 23 de septiembre de 2006, víspera del día de la Virgen de Las Mercedes. Esa fecha, el 24, es el "Día de Las Turas" y es, como muchas otras, una imposición de la iglesia católica que derivó en el sincretismo cultural, de celebrar Las Turas ese día. A poco más de las 2 p.m. ya estaba armado "El Altar": enramada de unos tres metros de alto, formada con ramas de palmas y plátano, además de varas gigantes de caña de azúcar. Tres cruces forradas de papel colorido en el centro geométrico del altar y a sus pies, un busto de Juana Vásquez, mítica Reina de Las Turas desde 1932 hasta 2002, cuando fallece (de 130 años de edad, según sostiene su familia), y pasa desde entonces el reinado a su hija: Críspala Vásquez.

Rodean también el altar las ofrendas traídas por los lugareños que consistían en los más lindos frutos de sus conucos: tomates, caraotas (llamadas por aquí "piras"), ajo-porro, cebollín, limones, maíz, yucas, papas, cambur, plátanos, lechosas, parchas, aguacates, naranjas, piñas. También productos como la "Chicha de maíz", preparación exclusiva de La Reina, no pudiendo faltar las bebidas espirituosas, como el "Cocuy de Penca", de altísima calidad. Además, variados trabajos de cestería y envases de tapara de diferentes formas y tamaños.

Comenzó el Capataz invocando a las más variadas figuras del santoral católico, así como a los espíritus que acompañan a la Madre Naturaleza. Rociando el Altar con cocuy y ron, comenzó a danzar, y con él los Tureros, al ritmo de "turas macho" de tres agujeros y "hembra" de dos ejecutadas por ellos mismos ("turas" se llama también a esas flautas hechas de carrizo); y los "cachos": hechos con el frontal de la cabeza de venado o "matacán", al tiempo que con la otra mano sacudían rítmicamente una maraca. El son consiste en danzar alrededor del altar en una dirección, para recorrerla luego en dirección contraria a la señal o grito del capataz, jefe indiscutido del baile; mientras La Reina, impertérrita y en una esquina del altar, observaba en posición de firme a los danzantes, dar vuelta tras vuelta al mismo. Al mismo tiempo, tureras danzan abrazando por la cintura a quien se coloque a su derecha y a su izquierda, marcando tres pasos adelante y tres atrás, imitando voces de diversos animales.

Largo rato después, el Capataz detiene el baile. Oraciones, rezos, invocaciones y vivas a los santos, a los espíritus y a la Madre Naturaleza anteceden a un pequeño y merecido descanso, para dejar asentarse el polvo y refrescarse merecidamente la garganta.

Así, entre "sones de Turas" y descansos, continuó la mágica ceremonia toda la madrugada hasta las 6 de la mañana. A esa hora, al mando del Capataz José "Cheo" Caldera, y de la Reina, Críspula Vásquez; comienzan los presentes a desarmar el altar. Luego, en procesión, nos dirigimos a llevar parte de las ofrendas al "árbol de la basura" o "basurero", que no es tal, sólo así llamado; donde se depositan los frutos y que en el caso de "La Duquesa" es un "higuerón", árbol impresionante por su belleza y tamaño, de más de 70 años de edad. Allí, nuevamente oraciones, rezos, vivas e invocaciones a santos, espíritus y a la Madre Naturaleza; velas encendidas, tabacos y agradecimiento por las buenas cosechas y por la lluvia regeneradora.

Volvemos alegres y con una inmensa paz en el corazón. Sentimos la presencia avasallante de la naturaleza en la majestuosidad del Higuerón, en los verdes y extensos campos y en las increíblemente bellas montañas de la Sierra de Falcón. Pero también sentimos esa paz incrustada en el alma por la comunión con la naturaleza de estos compatriotas que no la contaminan, que la respetan y que interactúan con ella, obteniendo sus más variados frutos. Así son Las Turas…

Las Turas en Venezuela: su verdadero y profundo sentido ancestral .

Por José Millet

Lamento que se sigan arrollando tradiciones ancestrales que nos remiten al pasado más remoto de la Humanidad por dos impulsos cada uno de los cuales más dañino: por un lado, debido a la ignorancia y, por el otro, a la ligereza al tratar asuntos de extremo cuidado relacionados con la sensibilidad de un pueblo. Por lo primero, se han asumido afirmaciones que todos repiten sin la más elemental pausa en la serena reflexión y a la comprobación de lo que la mayoría de la gente afirma mecánicamente. La primera de ellas es la que vemos en obras recientes de respetables organismos oficiales como los encomiables catálogos del IPC, al afirmar que Las Turas son o consisten en un baile o cn un ritual. En el caso de Las Turas, que nos ocupa, estamos en presencia de fragmentos de un todo que no deja ver su fondo, los cuales, en efecto, están dotados de movimientos y de una dinámica que nos remiten a procesos simbólicos o a sistemas culturales lamentablemente desaparecidos o en vías de ocaso, de los que tenemos la suerte de contar en nuestro país con firmes exponentes, tanto humanos como espirituales, que nos permiten presumir su fortaleza y trascendencia en muchos y complejos sentidos. La segunda es referirla a los instrumentos musicales de los que se valen los tureros o miembros de estas comunidades para "interpretar" la música conque se acompañan los movimientos colectivos danzados que, en ocasiones, son ejecutados en parte de sus festividades: algunos distinguidos investigadores, como nuestro coterráneo Luis Arturo Domínguez, se lo atribuye a las flautas de carrizo o de bambú y otros, a la de maíz.

¿Qué son Las Turas realmente? Todo, menos un baile y mucho menos un rito: en todo caso y, en primerísimo lugar, es la evidencia de un discurso simbólico, algo fragmentado, aunque uno de los más ricos, complejos y diversos de cuantos forman parte del mosaico de culturas originales que existían aquí y que se pusieron en contacto e intercambiaron entre sí en nuestras tierras "americanas", mucho antes de la invasión del conquistador europeo que terminó por dominar a los pueblos nativos que las habitaban a su llegada. En segundo término, las turas son parte visible del resultado del proceso acarreado por la colonización foránea que, querámoslo o no admitir, trajo el etnocidio y el genocidio de los aborígenes, pero a su vez la transculturación que hoy podemos apreciar en infinitos ámbitos de nuestra sociedad y cultura.

Tampoco las turas son la manifestación de agradecimiento y bendición de las cosechas anuales obtenidas por los tureros que son, en su mayoría, ciertamente campesinos o cultivadores, pero algo más que simples labriegos. Del mismo modo se toma la parte por el todo cuando se identifica la palabra tura con maíz, porque con ello seguimos manejándonos en la pura exterioridad del fenómeno, que es mucho más profundo y abarcador. Las turas engloban todo el espacio cósmicamente concebido e imaginable, en el que están en primer plano los seres vivos: el hombre, las plantas y los animales, y, asimismo, con igual o mayor peso determinante a las fuerzas y principios fecundantes propios de la Naturaleza, invisibles, que posibilitan la vida de esos mismos seres, su creación y reproducción encima de este planeta que denominamos Tierra. No es a la Madre Tierra sólo a la que se le rinde reconocimiento en ellas, sino a los principios que hacen posible su fertilidad y que, en su seno, se continúe la existencia, sea la humana o la de otras criaturas. No es incorrecto decir que se venera la cosecha, con el impulso propiciatorio adicional de que sean colocados todos los elementos necesarios para que el Dador nos vuelva a conceder igual merecimiento en especies comestibles y en bienestar espiritual.

La comunidad turera de San Pedro de Mapararí

Las entrevistas que le hiciéramos, a partir del año 2006, a Ángel Colina y José Castillo, dos de los directivos principales de Las Turas, perteneciente a la comunidad San Pedro de Mapararí, nos han proporcionado una valiosa información que transcribimos a continuación, acompañada de algunos comentarios.

El 5 de enero de 2004, se legaliza la Fundación que lleva el nombre de José Cecilio Salas, fallecido en 1977, y considerado uno de los capataces que mantuvo durante largo tiempo esta tradición indígena, que ellos asocian a las comunidades étnicas de origen ayamán. Al final, al pie de página, colocaremos la relación de sus miembros fundadores, aportada en las entrevistas y que ha sido avalada por varios miembros de la propia comunidad durante algunas de nuestras numerosas visitas a San Pedro*.
Cuando les preguntamos quiénes fueron los primeros capataces, nombraron al mencionado Cecilio Salas, fallecido en 1977 y a Rodolfo Garcés, su actual capataz, e identificaron como sus reinas más antiguas a Engracia de Yugurí, fallecida a los 78 años, y a Marcelina Antequera, quien aún ejerce esta función.

En cuanto a la "composición organológica" o conjunto de instrumentos musicales empleados, resulta de mucho interés la relación de los instrumentos que identifican como los propios de Las Turas, a los que se asocian los siguientes nombres de quienes los ejecutan:
-Flauta Tura Macho: Hipólito Casiano Castillo
-Flauta Tura Hembra: Rodolfo Garcés
-Cacho Mayor: Rafael Molleda
-Cacho Menor: Martín Garcés
-Cacho Mediano: Ángel Colina
-Cacho Pequeño: Simón Castillo, Enrique Castillo
-Maracas: José Castillo, Yovanny Colina

Las turas es vista por el común del venezolano como un "baile", en tanto se producen numerosos movimientos coreográficos realizados al compás característico de los instrumentos musicales que acompañan a estas celebraciones. A continuación figuran los nombres de los danzantes de esta comunidad: Laudelina Castillo de Garcés, Elicia Castillo, Paula Garcés, Lourdes Antequera, Flora Robertis, Carla Antequera, Morelis Antequera, Emérita Colina, Elita Mora, Dominga Garcés y Adelaida Mora

Calendario de las celebraciones tureras

Al año, pautan dos fechas para la realización de Las Turas: la primera, el 29 de junio, por motivo de la celebración católica de San Pedro y ocasión en que precisamente esta comunidad se ha esforzado por hacerse de un espacio de encuentro entre las comunidades de los Estados Falcón, Lara y Portuguesa; donde se ha mantenido viva esta raíz aborigen venezolana. A este espacio lo denominan Día de la Fraternidad Turera, por cuanto se caracteriza como un compartir entre hermanos, ideas y experiencias dirigidas al fortalecimiento de estas tradiciones. La segunda, el 23 y 24 de septiembre, fiesta de la Virgen de las Mercedes". Nos llamó la atención que se agregue una tercera fecha, el 07 de Abril, como "Día del aborigen Ayamán". En ésta comunidad resulta significativa la voluntad de un porcentaje elevado de sus miembros de reivindicar su raíz ancestral, definiendo claramente que esta comunidad proviene de los grupos étnicos ayamanes.

Comunidad Turera

Las Turas es una festividad agrícola en que se invocan las fuerzas reproductoras de la naturaleza para que propicien que la tierra sea fertilizada: que acepte la semilla en su seno mediante una cópula. Esta intervención garantiza la siembra. Se produce en el período de equinoccio de primavera, en marzo, cuando las condiciones climatológicas son favorables a la actividad agrícola y durante el equinoccio de otoño, en el mes de septiembre. ¿A quién se le rinde culto? ¿A esas fuerzas propiciatorias de la fertilidad y a la propia tierra? Al todo: a las fuerzas que se apropian de los miembros de la comunidad humana, a los animales y plantas, permitiendo que se conviertan en un sujeto colectivo, sin olvidarse de los espíritus ancestrales ni de los muertos; representados respectivamente por las flautas de carrizo, maracas y los cachos de venado.

Estas celebraciones coinciden con las épocas demarcadas por el cambio de las estaciones: en mayo, cuando la primavera rompe con el período de las lluvias, la unión de la pareja formada por el Capataz y La Reina de Las Turas, significa la cópula que derrama el semen que alentará a la tierra a recibir en su seno la semilla. Este "matrimonio espiritual" tiene el simbolismo del cielo eterno de la regeneración de la naturaleza, no regido por las leyes de los hombres.

La segunda época evoca la muerte: la naturaleza del verdor, de la fronda, la caída de las hojas y el anuncio del frío, o si, de la humedad. Los frutos cosechados deberán ser almacenados para conservarlos y usarlos en caso de que sobrevenga una temporada inclemente. Aun cuando en Venezuela no exista la sucesión indicada de las estaciones, igual el ciclo de las lluvias pone la pauta. Salvo condiciones climáticas no habituales, los ciclos lluvioso y secos pueden tomarse como regulares, y por tanto, referentes bastante seguros. En los eventos realizados durante esta celebración se manifiesta todo un simbolismo. La marcha india de los tureros atraviesa los campos donde viven y se dirige directamente a la fuente de agua: exactamente al ojo de agua, de donde nace la vida. Se atraviesa la poza y se adentra en el fondo de una cueva donde viven los espíritus, justo en "el nacimiento". Se les reconoce así como indispensables dadores de dones esenciales, por cuanto si no existiesen o no dejaran que de su seno fluyese el líquido vital, ¿podríamos hablar acaso de agricultura?

La siguiente estación permite la comunicación con los espíritus que moran en la corteza terrestre. Activadas las mencionadas entidades acuáticas, se procederá a "despertar" a la madre tierra, empleando los procedimientos acostumbrados de las turas: ensalmes, invocaciones y cantos, acompañados de sones de flautas de carrizo y de cachos. La convocatoria a los poderes ocultos, también alcanza a los insomnes gigantes que descansan, de pie, encima de la superficie sólida: el círculo de los tureros se desplaza alrededor de un árbol acompañado de su música y de los característicos movimientos corporales. Es la función exacta de las flautas: avisar al oído de las plantas, mediante el estremecimiento de su sonido, que debe activarse su capacidad reproductiva, el flujo de la savia, su ascenso a los gajos y fronda.

Los cachos de venado, apartan la voz de lo opuesto, del polo negativo a la vida, de la muerte. En un recordatorio con la puesta del juego de los contrarios que conviven en un mismo plano, escenario y tiempo. En definitiva, es lo que motoriza la existencia al recordar lo que acontece permanentemente. Se invocan también con ellos al reino animal: No hay nada de macabro en los sones alusivos a aves conocidas en sones donde interviene esa calavera astada. Creo que adicionalmente debe indagarse en el llamado a una arista de agresividad representado por los pájaros invocados, a la lidia, y caracteriza a estos inquietos y bulliciosos animales.

El mencionado simbolismo remite a un sistema de círculos concéntricos que parte de la fuente hídrica-el enigmático ojo de agua-, se traslada a la parte sólida contigua a la poza y la cueva, donde moran otros espíritus arbóreos y de la fauna, hasta desplazarse a un destino final: el de los seres humanos. Pero, que no se nos escape la definición del espacio inicial, como aquel sin fronteras entre los estados de la materia, sino entrelazándose, interponiéndose e interactuando, lo que mora en el agua, la tierra y el aire.

¿Qué aporta? ¿Cuál es la función y el sentido del traslado de los tureros, desde el espacio en que se produce o tiene lugar el encuentro de esos tres importantes elementos a otro espacio, en este caso habitado por otros seres humanos? Integrarlos en el "todo" de la naturaleza para que puedan funcionar en él como se quiere, a fin de alcanzar todas las metas propuestas, tanto a las fuerzas de la naturaleza convocadas, como las otras que puedan aportar otras criaturas del reino, en donde viven, fluyen o interactúan otros espíritus, por ejemplo, los de sus ancestros. De ahí que lleven la relación detallada de cuanto aconteció en el pasado, y lo traigan al presente como para rendirles pleitesía. También en el interior de la organización humana acuden y fluyen diferentes tipos de energía, dado por muchos elementos y eventos que allí tienen lugar. Disponen de los frutos de la cosecha y los procesan para distribuirlos en determinados momento de la fiesta. Sólo al saber que el dominio del fuego los sitúa por encima de otras especies de su propio reino. Este último elemento nos permite adelantar algunas ideas que permitirán darle la ubicación aproximada y función que este postrer espacio tiene.

El movimiento del sistema de círculos concéntricos se detiene en un espacio abierto, en el patio o "Patio de Las Turas", restrictivamente hablando. Nuevamente estamos en presencia de otro espacio sagrado: en su centro una cruz, con los diversos sentidos que ella tiene, en su relación con el corte de los espacios y su asociación con la muerte, alrededor de ella, los frutos de la cosecha, obtenidos normalmente en el conuco local. Entre los frutos mostrados destaca el maíz, en este caso la planta-dios que se ha sacrificado- para que su cuerpo y su espíritu sean compartidos por cada uno de los tureros.

El acto de consumo en colectivo cerrado y unido, el tótem del que nacimos, es sólo un episodio de ese movimiento rítmico y acompasado, y nos esforzamos por aprender.

La cruz como referente de la religión judeo-cristiana, nada tiene que ver con los grupos y comunidades étnicas que poblaron nuestro continente y se mantuvieron en el mundo antes de la existencia de Cristo. Pero su ubicación en el "patio turero" es una clara remisión al carácter social al que hemos arribado en esta tercera "estación". No se trata de un espacio más, de los existentes en estos vastos ámbitos rurales, sino de uno marcado por un tipo de organización social específica: la humana.

* La "Fundación Cultural José Cecilio Salas" tuvo como fundadores a los siguientes tureros: Ángel Custodio Colina, José de Los Santos Castillo, Nelson Antonio Matute, Carlita Coromoto Antequera, Lisandro Rafael Antequera, Eddie Santos Páez, Rafael Ramón Rivero, Rafael Simón Chirino, María Lourdes Antequera, Marcelina del Carmen Antequera, Morelis del Carmen Antequera, Rafael José Molleda, Cecilio Antonio Castillo, Alida María Chirino, Martín Ramón Garcés, Salvador Vásquez, Dominga Ramona Garcés, Aureliana del Carmen Hernández, Carmen Lucía Acosta, Emérita Colina de Martínez, Adelaida del Carmen Mora, Elita Ramona Mora, Gloria Josefina Rivero, Clan Antonio Rivero, Paulita Chirino, Flora Robertiz, José Luis Garcés, Yolanda Antequera..

Nota del editor:

Las tradiciones culturales frecuentemente son enfocadas como *folklore* y, en tal condición de expresiones separadas y distantes de la cultura oficial dominante, desprovistas de sistemas de pensamiento, concepción del mundo y altura de abstracción. En esa ridícula disminución a que nos tienen acostumbrados y educados las ciencias sociales y humanísticas burguesas, se nos escapa la vida imaginativa de los pueblos que las crearon, sus ideas y filosofías. Afortunadamente, muchos de estos valores han sido conservados en la tradición oral, como es el caso de los pueblos mayas con su **Popul Vuh** y, en el caso de la *tradición ancestral turera*, con fragmentos de su pensamiento en forma de mitos o de relatos imaginarios en que aquella carga de pensamientos nos ha sido legada de generación en generación.

Ofrecemos los recolectados por el joven venezolano Ender Rodríguez en sus investigaciones de campo realizadas en la parroquia Mapararí, donde vivió durante dos años. En ellos se nos revela la pacífica comunidad existente entre las sociedades humanas y las de los animales y las plantas, la cual se resalta en el conjunto de ofrendan mediante el arte de la danza y la música, además de las de naturaleza material, que se les hace a Pachamama, a éstos y la Naturaleza en su conjunto.

Mito de las Turas

"El arte de las turas viene de otra época, de un lugar que sólo conocen los indios. Los Pire, viejos indígenas de esta tierra...estaban una vez en un patio reunidos danzando diariamente como para ir a cazar y comunicarse con los animales, las plantas y los buenos espíritus; hacían movimientos que parecían el movimiento de la vida. De unos instrumentos hechos con semillas, taparas y cachos de venado sacaban sonidos que imitaban el canto de los pájaros, los vientos, los truenos y la lluvia.

En ese momento de la danza, se acercó la Virgen María con el niño en brazos, escapando de los que querrían matar a las criaturas nacidas en esas tierras y al ver una ronda de personas en un patio a lo lejos, se aproximó y se escondió entre los hombres y mujeres mientras que pasaban los guardias perseguidores. La virgen metió al niño entre su pecho y se tapó con las manos mientras veía como se acercaban también los guardias hasta llegar casi al frente de ella y devolverse confundiéndola con los danzantes. Ella se fijó en el rito que hacían y dijo:
¡Qué tura mala esta que bailan aquí!
 Entonces, el niño miró a su madre y dijo:
¡Qué tura buena, bonita y sagrada porque me salvó de la muerte!
Después de cuatrocientos años, los tureros siguieron danzando en el Cerro Colorado y en muchos pueblos más. De ahí en adelante, se siguió bailando en San Pedro de la Sierra de Falcón y en todo el territorio Ayamán para agradecer las bondades de la tierra, de las montañas y de los espíritus protectores que santifican todos los campos y todas las aldeas".

Fuente: Casiano Castillo, Turero de San Pedro
Recopilación y redacción: Ender I. Rodríguez M.

Mito de las turas II

"Hace muchísimos años, los indios antiguos inventaron la danza de las turas, danza del maíz, de la vida misma. Tocaban y bailaban, estos ancianos sabios, sacando sonidos a partir de piedras huecas, inventando y descubriendo música secreta y mágica. Cuando llegó Cristóbal Colón a estas tierras, los indígenas tenían su propia fe y su propia religión. Colón para doblegar y dominar a los aborígenes, sacó una flauta y la tocó, y así fue atrayendo a las tribus hacia sus propios intereses en esas tierras. A los indios les pareció muy curiosa la flauta y el sonido que este hombre hacía salir de ella. Entonces, los ancianos inventaron sus propias flautas de carrizo y lograron sacar sonidos que parecían ser cantos de pájaros, música de la naturaleza y les hicieron dos y tres huecos a las flautas para llamarlas tura hembra y macho. Una vez, quedó atrapado un venado en una horqueta por sus cachos y nadie pudo sacarle. Al tiempo de morir el animal y quedar su carama ya seca, colgando de la horqueta, el viento rozaba y hacía sonar al cacho como si el espíritu de la madre naturaleza hiciera música sagrada y cantara para enseñar a los indios algo más sobre las turas. De ahí en adelante, el sonido del cacho sellado en unas partes con cera de abeja, representaba el sonido del viento y del trueno. Igualmente, las taparas al secarse y ser golpeadas con algo, parecían crear otro sonido como el golpe que hacía el agua al caer a la tierra en tiempo de lluvias. Los indígenas con semillas de capacho rellenaron las taparas e hicieron maracas y al juntar todos los instrumentos, las turas se convertían en música salida del espíritu de los dioses y se danzada para agradecer todos los beneficios de las buenas cosechas, del agua de lluvia y de la vida abundante para los pueblos ayamanes".

Fuente: Ángel Colina, Turero de San Pedro.
Recopilación y redacción: Ender I. Rodríguez M.

Nota del editor:

La siguiente es una reseña escrita por los miembros de la comunidad de San Pedro, ubicada en la parroquia Mapararí del Municipio Federación. La hicieron con absoluta libertad en su territorio para ser incluida en el Atlas Etnográfico del Estado Falcón que lleva adelante nuestro Centro de Investigaciones Socioculturales. La publicamos textualmente, sin apenas hacerle ninguna corrección o cambio.
Lic. José Millet
Coro, 09.05.2008

San Pedro de Mapararí cuenta su historia

Por los autores, tureros de esta comunidad

RESEÑA HISTÓRICA DEL PRIMER EVENTO DE LA FRATERNIDAD TURERA EN SAN PEDRO DE MAPARARÍ.

"En el 1.992 surge una idea del profesor José Chirinos de hacer un encuentro de tureros en nuestra comunidad turera. Este primer encuentro se inició el 28, 29 y 30 días de San Pedro y San Pablo, donde asistieron tureros de El Tigre, El Jusal, La Duquesa, San Tacnus, el Río Mapararí.

En este evento se integraron para que se realizara José Chirinos, como principal, Carmen Olivet, Samuel Bermúdez, Roselina Leal, Ender Rodríguez y esposa Flora Robertis, Simón Castillo, Ángel Colina y Tarcisio Gauna.
De este evento salió la donación del patio cedido por Servando Cordero, ganadero, dueño de la hacienda La Garza. Desde allí hasta la actualidad nos hemos independizado, y de allí arranca la base fundamental de La Casa de los Tureros; esta casa lleva el nombre de Casa de las Turas "José Cecilio Salas". También salen de este encuentro los beneficios que los tureros no tenían, por ejemplo, la ayuda para los viejitos tureros, construcción de la casa de los tureros, mejoras del patio de turas, y otros".

RESEÑA HISTÓRICA DE LA DANZANTE MAYOR Y SUS CAPATACES

"Audelina Castillo de Garcés, hija de José Cecilio Salas y su mamá María Dionisia Castillo. Con una edad ya de 90 años. Se destacó como danzante en las turas desde muy niña. A los 12 años andaba en los patios de tura con su mamá. Audelina fue y es danzante mayor por ser la hija mayor de Cecilio Salas. Al frente de las turas tiene un aproximado de 78 años como danzante, animadora y ser capataz".

RESEÑA HISTÓRICA DE ELICIA DEL ROSARIO CASTILLO

Elicia, hija de José Cecilio Salas, su mamá María Dionisia Castillo. Elicia tiene 68 años, empezó a andar en los patios de turas a los 10 años, tiene 58 años al frente de las turas.

Como danzante en su historia cuenta que cuando la Virgen María andaba huyendo de los fariseos que mataban a los niños, una vez los encontró y ella vio que estaban tocando las turas; y para esconderse de ellos se metió en medio de los tureros, llegaron los fariseos y dijeron: vámonos, estos son unos locos. No la vieron y la virgen bendijo en ese momento las turas.

VERSIÓN DE ELISIA GARCES.

HISTORIA Y RESEÑA DE PAULA GARCÉS

"Paula, hija de José Cecilio Salas, su mamá Pastora Garcés. Tiene una edad aproximada de 72 años. En las turas empieza a los 10 años y tiene danzando al frente de las turas 62 años.

Paula nos cuenta que en todos los patios de turas se mantenía una cadena de plantas medicinales, animales guindados en el palacio: un cachicamo, el primer animal de las turas, aguardiente o guarapo, fuente de caña, chicha, fuente de carne de venado, marrano é monte, mazamorra y muchos jugos. El respeto sobre todo. La orden era del capataz y el mayordomo".

VERSIÓN DE PAULA GARCÉS

RESEÑA HISTÓRICA DE ANGEL COLINA
En Las Turas

"Yo, Angel C. Colina Castillo, nací un 16 de junio del año 1959. Fui promovido en las turas en a los 9 años de edad. Bautizado en el año 73 en el patio de El Jagüey en los terrenos del Capataz mayor José Cecilio Salas…como Tureros Mayores Rodolfo Garcés, Hipólito Caciano Castillo. De allá hasta la actualidad me he venido destacando en las turas como tocador de todos los instrumentos de las turas…como fundador del primer grupo de tureritos, entre ellos está ahorita el turero José Castillo, Juvenal Castillo, Gregorio Hernández, Alexio Mora, Jesús Mora, Erico Marrufo, entre otros. Instructor de la Resistencia Indígena Ayamán, fundador de la Fundación José Cecilio Salas".
SAN PEDRO, 06 04 08.

PEQUEÑA RESEÑA HISTÓRICA NARRADA POR TARCISIO A. GAUNA

"Tarcisio A. Gauna, 58 años de edad, natural y residenciado en este duro caserío, fue habitado por primera vez por los señores Cecilio Salas y José Salas, siendo éste último el primero en llegar a asentarse en un fundo que le puso San Lorenzo; historia que conozco por versión del señor Cecilio Salas en el año 1976, ya fallecido.

También me contó sobre las turas y me dijo que estando muy pequeño se hizo turero en el patio de Monche Morles y Sixto Morillo, ubicado en un sector de nombre El Zulia. Hizo un patio en el nacimiento, al cual le puso el nombre de San Pedrito, del cual era devoto. Habiendo sido bautizado como Capataz de Las Turas por Sixto y Monche en los años 90 de 1800.

Belarmino Vásquez lo invita para que lo toque unos sones de tura en Mapararí, para pagar una promesa a la Virgen de Las Mercedes, quedando de acuerdo en tocarle todos los 24 de Septiembre.

Una vez fallecido toma el mando como Capataz él, su hijo Rodolfo Garcés como Sub-capataz Casiano Castillo los cuales se mantienen.

Las Turas es un ritual que se toca para rendir tributo a los espíritus benditos para que llueva y se den las cosechas, y promesas a petición de quien se haya comprometido. Se hacían juegos dentro del baile, la gallina, el zorro, el venado, matrimonios, el perro, el cazador, y otros.

Del 21 al 29 de Mayo se celebra al Día de Santa Rita, se le toca Las Turas. Dicha virgen la trajo Juana Carrasco, proveniente de La Peñita.
La primera formación de niños tureritos fue por el señor Ángel Colina. Hizo un grupo con los niños José Gregorio, Danny Antequera, Darwin Gauna, José Garcés, Pedro Antequera, Miguel Leal y otros, como Reina Audelina Garcés, esta formación se mantiene.

Las Reinas de Las Turas: la primera Pragedes Chirinos (Siglo XVIII), la segunda Ingracia de Yugurí (Siglo XIX), la tercera y hasta el presente Graciela Antequera".

RESEÑA HISTÓRICA DE LAS TURAS.

"Una de las vivencias donde se observa de manera concreta nuestra cultura prehispánica es el ritual aborigen o Danza de Las Turas (Danza del Maíz y de Vida), de carácter folclórico en homenaje a los dioses de la cosecha y en honor al santo San Pedro, celebrado dos días, 29 y 30 de Junio de cada año en la comunidad de San Pedro, Parroquia Mapararí, Municipio Autónomo Federación.

Con la flauta de carrizo inventada por los indios Ayamanes y mantenida hasta la actualidad, con ellas imitamos el canto de los pájaros, con los cachos de venado cubiertos con cera negra de vallude o de arigua; representa el sonido de los vientos y los truenos. Los trocones o tapara con semillas de capacho y maracas; representan las lluvias. Al juntar símbolos las turas originan el sonido de los espíritus de la naturaleza para darles gracias y bendiciones a los pueblos indígenas ayamanes".

RESEÑA HISTÓRICA DE LA FUNDACIÓN JOSÉ CECILIO SALAS

"La Fundación fue fundada en 1.997, y se registró en el año 2004 bajo el Nro. 37, folios 186 al 189. Esta fundación lleva el nombre de José Cecilio Salas. Este protagonista fue el descendiente, el primer Capataz en la década de los años 30 hasta el año 1976.

José Cecilio Salas fue el fundador de San Pedro, fue quien por primera vez llegó a estas montañas vírgenes, acompañado de un tío de nombre Maximiliano Salas, trayendo con él la estampa del Santo San Pedro y sus instrumentos de las turas. El nombre de San Pedro fue por el santo, regalo que le hizo el padre Rivero en Churuguara".

RESEÑA HISTÓRICA DE LOS FUNDADORES DE LA FUNDACIÓN JOSÉ CECILIO SALAS

"En el año 97, yo, Ángel Colina me propuse fundar esta fundación dándole el nombre de José Cecilio Salas, por ser el fundador padre de todos los tureros, abuelo de los descendientes.

El propósito de esta fundación fue para defendernos un poco de los "manipulistas" y así defenderlos un poco, reclamando nuestros derechos, ya que nuestras costumbres y tradiciones ayamanes hemos mantenido 500 y tantos años atrás, sin desmayar.

En la fundación y al frente están Ángel Colina Castillo, como Coordinador General (7.498.174), José de los Santos Castillo, como Coordinador de Eventos (13.269.051), Flora Robertis como Secretaria de Finanzas (3.097.667), Paulita Chirinos, como Coordinadora de Proyectos (18.480.025), José Luis Garcés, como Secretario (18.605.103) y Yolanda Antequera, como Asesor (14.733.141)".

RESEÑA HISTÓRICA DEL CAPATAZ RODOLFO GARCÉS

"En el año 77 tomó el mando como Capataz el señor Rodolfo Garcés. Tiene un tiempo limitado en Las Turas, de una edad comprendida de 73 años al frente de esta tradición indígena. Cuenta con 86 años de edad, como capataz o al frente de los tureros tiene 32 años. Rodolfo Garcés como capataz se encarga del respeto en el patio de las ceremonias y sahumerio de hojas de la montaña, llevar las plantas medicinales, llevar las reliquias en el patio, entre otros".

RESEÑA DE HIPÓLITO CASIANO CASTILLO

"Hipólito Casiano Castillo lleva en las turas un tiempo al frente de esta tradición, desde muy niño. Cuenta que ellos hacían turitas de tártago o de hojas de lechosa. Esa fue su inspiración en las turas y fueron amaestrados por los piaches de Monche Morles.

Castillo cuenta ahorita con 80 años. Tiene en las turas como turero Mayor y Chamán 71 años. Su comienzo fue aproximadamente a los 9 o 10 años. Es hijo de José Cecilio Salas y María Narcisa Castillo".

Nota del editor:

En el poblado rural, sub-urbano, de Mapararí se ha conservado la tradición turera, según lo ha estudiado el joven investigador Ender Rodríguez, quien nos precedió en la realización de este importante trabajo investigativo y lo hizo durante el tiempo prolongado que vivió allí. Llama la atención que los fragmentos principales del pensamiento mítico rescatado por él los haya obtenido en la comunidad rural de San Pedro, y no precisamente en la de Mapararí. Pero a continuación ofrecemos el texto aportado por su segundo capataz Nasser Navarro."

Las Turas que yo profeso

- Las que me ponen en movimiento bajo un solo patrón: el amor a la cultura autóctona.
- Las que me confiaron mis padres ayamanes, cuando apenas era un niño, por medio de una mata de caña que me llevó volando desde las calles de mi pueblo, hasta el mágico templo donde me aguardaban mis antepasados con piel de siglos y manos de Manaure.
- Las que me vierten amorosamente en los brazos de la magia llamada hermandad.
- Las que me convierten en un animal cautivo, que espera el conjuro de sus deseos libertarios.
- Las que en cósmicos destellos de sudor humano, me trasmutan de barro a maíz
- Las que por danzar nadie me paga, primero, porque no son mías. Segundo, porque nadie detenta tanta riqueza que pueda comprarlas.
- Las que danzo con autorización de mi pureza espiritual y de mi abolengo montaraz.
- Las que me iluminan el camino del bien, a través de giros rituales y cadencia totémica.
- Las que sin plumas ni guayucos, me cubren con el más hermoso atuendo de la pureza ancestral.
- Las que me hacen colgar en el altar sagrado, mi más grande ofrenda: el amor a la vida; para luego, en devolución equilibrante, cubrirme de gloria y de más vida.
- Las que año tras año me convierten en duende guardián de sus mimetizados enemigos.

- Las que sincréticamente me regalaron una madre llamada Mercedes y una cruz llamada Perdón.
- Las que me hacen ver como un ser sobredimensionado por aquellos que, tal vez, no han descubiertos sus alas.
- Las que frugalmente me mantienen de la ambrosiaza mazamorra de maíz.
- Las que con paciencia tántrica nos van llevando lentamente al son de la unidad que finalmente danzaremos todos, desprovistos de mundanas ambiciones.
- Las que sirven de vehículo etéreo al padre lluvia, para que en un húmedo beso y penetración telúrica, preñe a la madre tierra de esperanza y fertilidad.
- Las que todos los 23 de septiembre convierten a mi humilde pueblo en el ánfora cultural de la humanidad.
- Las que nos recuerdan que millones y millones de abejas no pueden estar equivocadas. (recuérdese su organización laboral y solidaria, así como la posición de su colmena en relación al Padre Sol).
- Las que sonríen en blancos persogos, como presagios que después de la muerte en el surco, renacerán para perpetuarse como promesa eterna en el altar de la vida.
- Las que no quiero ver morir traspasadas por el cuchillo cruel de los traficantes de oportunidades usureras.
- Las que se deslastran al pie del árbol de la vida y prometen regresar inmaculadas, para continuar el maravilloso cuento de la totalidad inmortal.
- Las Turas que yo profeso, son las que me están avisando, que es preferible volver al árbol del que una vez bajamos como micos, a profanar el arca prístina de la divinidad aborigen.

Nasser Navarro
Mapararí

Bibliografía

Fuentes secundarias:

Atlas Enográfico del Estado Falcón de Venezuela. "Fiesta popular ancestral Las Turas". Coro, Centro de Investigaciones Socioculturales del Instituto de cultura del Estado Falcón, 2009.

Atlas Etnográfico de Cuba (multimedia). La Habana, Instituto Cubano de Antropología (ICAN) y Centro de investigación y desarrollo de la cultura cubana "Juan Marinello", 2000.

Bettelheim, Judith (ed.): **Caribbean Festival Arts**. New York and London, 1988.

Catálogos del patrimonio cultural venezolano . Caracas, Instituto del Patrimonio Cultural, 2004-2005.

Cazorla, Luis: **Calendario de fiestas tradicionales populares del Estado Falcón** (libro en proceso de publicación.)

Cultura Popular Tradicional Cubana. La Habana, Centro de Antropología, 1999.

Diarios regionales del Estado Falcón: **Nuevo Día, La Mañana** y **La Prensa**. **Diccionario Enciclopédico**. Prefacio de Jorge Luis Borges. Madrid, Grijalbo, 1995.

Feliú Herrera, Virtudes: **Fiestas y tradiciones cubanas**. La Habana, Centro de Investigación y desarrollo de la cultura cubana Juan Marinello, 2003.

Millet, José and Rafael Brea: "Glossary of Popular Festivals", in Judith Bettelheim (ed.) **Cuban Festivals. An Illustrated Anthology.** New York and London, Garland Publishing, INC., 1993.

Millet, José y Rafael Brea López: **Grupos folklóricos de Santiago de Cuba.** Santiago de Cuba, Editorial Oriente, 1986.

Millet, José; Rafael Brea y Manuel Ruiz Vila: **Barrio, comparsa y carnaval santiaguero**. Santo Domingo, Ediciones CEDEE- Universidad Autónoma de Santo Domingo, 1994.

Millet, José y Manuel Ruiz Vila: **La Guinea, barrio afrocaribeño de Coro**. Coro, Instituto de Cultura del Estado Falcón, Centro de Investigaciones Socioculturales, 2007.

Nietzsche, Friedrich: **El nacimiento de la tragedia**. Madrid, Alianza Editorial, 1972.

Rodget s Thesaurus of synonyms and antonyms. Miaimi, SPI, 1987 edition.

Royston Pike, E.: **Diccionario de religiones**. México, fondo de Cultura Económica, 1960.

Encarta.Premium 2.Diccionarios bilingüe inglés-español y español-inglés. Microsoft, 2009.

Fuentes primarias:

Entrevistas grabadas por miembros del Equipo de Estudio del Centro de Investigaciones (CISCEF) , integrado por José Millet, Eduardo Concepción, Oscar Lázaro, Luis Cazorla, Enzio Provenzano y Enna Zavala.
Nilda Arratia,
Norma Vargas,
Orlanis Zambrano;
Marisol Hernández;
Agencia Bolivariana de Noticias;
Luis Cazorla;
Yanelys García;
Arcadio González;
Fuentes consultadas en internet:
www.venaventours.com.fiestas

Ficha de los autores

José Millet (Cuba, 1949). Escritor e investigador de las culturas populares del Caribe, con especialización en la temática de las fiestas y de las tradiciones religiosas de base africana y en las variantes del espiritismo. Presidente de la Fundación Casa del Caribe , que elabora el Atlas etnográfico Cultural de Venezuela y del Caribe, obra sin precedentes en la historia del país por su enfoque y de la cual es su editor.

Pedro Eduardo Concepción (Caracas, 1955). Investigador del Centro de Investigaciones Socioculturales de INCUDEF, colaborador científico del libro **La Guinea, barrio afrocaribeño de** Coro (1987) y miembro del colectivo de autores del libro **Alí Primera**. Biografía documentada y testimonial (en proceso de publicación.)

Luis Cazorla (Coro, 1970) Investigador y jefe del Departamento de cultura popular de INCUDEF, autor del libro **El cinco y medio**, en proceso de edición.

TSU Enna Zavala (Coro, ___) Miembro del equipo de estudio del Centro de investigaciones Socioculturales de INCUDEF.

Ender Rodríguez (Venezuela, 19__) Artista plástico e investigador de la tradición ancestral de Las Turas.

Autor-editor:
Lic. José Millet

3.1   La Humanidad amazónica

                                                          por José
Millet

Escrito por el autor al llegar a Manaus y luego, en compañía del poeta brasileño Thiago de Melo, durante su vuelo de Manaus a Recife "pasando por puntos intermedios", hasta asentarse en Ipojuca para participar en FLIPORTO 2008.

Al poeta brasileño Thiago de Melo, por sus invaluables enseñanzas desde Manaus y en Ipojuca /aguas negras, en tupí-guaraní/

Manaus, la Casa del Hombre

Tenemos el orgullo de vivir en Manaus, reza la enorme valla en <u>colores</u>, cuyo significado va más allá de la importancia del enclave industrial, comercial y turístico que promueve. Acabo de pisar la "<u>tierra</u> prometida", procedente de <u>Venezuela</u>, donde hace poco presencié la actuación de una compañía de<u>danza</u> de este enigmático país que visito por primera vez. También era la primera vez que los "quietos" habitantes de Coro -ciudad <u>Patrimonio</u> de la Humnanidad donde vivo- se enfrentaban a un fenómeno como el del canto, la danza y la <u>música</u> com sello exclusivo de esta tierra que no tiene parigual en <u>América</u>. "Tanto estudio!, para qué?,, diría mi madre, en <u>actitud</u> protectora, desde la mansión de los espíritus donde mora, al verme en esta actitud de desarme absoluto ante la expresión espiritual de un pueblo que debía conocer antes por mis casi 30 años de estudios ininterrumpidos sobre el Caribe.

Pero hene aqui en Tierra Firme, nuevamente en mi humildad de escolar sencillo, como en los inicios de mis estúdios filosóficos, en la ciudad de Santiago de <u>Cuba</u>-- que algunos denominan la <u>Capital</u> cultural de la región caribeña-,donde un <u>grupo</u> de amigos, recién graduadoa de la <u>Universidad</u>, nos zambullimos en la institución Taller Cultural a determinar el aporte de <u>África</u> en nuestra <u>cultura</u> nacional, de lo cual acabo de hablar en un menorable seninario realizado en Cartagena de Indias.

Pensando en la <u>identidad</u> del coriano sobre la que he escrito un artículo, la diferencia salta a la vista: la alegría!, casi grito, al ver a unos <u>niños</u> echarse casi una ducha en el sanitario del aeropuerto internacional Eduardo Gomes, de la capital del Amazonas por donde he arribado. Hacen de las suyas como un par de pícaros, se desplazan por las escaleras eléctricas y ríen cuando les increpo en mi mezcla de portuñol aprendido en mis <u>viajes</u> por Angola y Portugal, hace muchos años. Aprovechan el descuido de sus padres, la gente no les regaña...

El orgullo es por esa alegría que define a estas gentes, de trato amable, al punto de parecernos haber convivido con ellas sienpre. Esa alegría se expresa de múltiples maneras y <u>medios</u> de todos los tipos, por ejmplo, en la sonrisa amplia y espléndida, que mantiene el rostro sereno y sosegado, pero transido de placer que observo cuando paseo fuera del puente aéreo.

La sustentabilidad del espíritu, me dice al <u>oido</u> el filósofo... La mirada, con destellos de <u>luz</u> en el coello que viene de lo más profundo del ser de este "país de los contrastes" violentos, al que muchos forasteros disfrutan sin entenderlo. Como se sostiene el cuerpo de esa joven anclada en un sitio, y voltea la cabeza grácilmente como columpiaría el viento cualquier palmera en la estación de las lluvias.La cabeza corona el monumento hecho por los destellos del Amazonas, el verdadero país que casi nadie visualiza en las geografías al uso, a cuya quietud "majestuosa" se le impuso el sentido de la ritmacidad traída por los africanos.

Una chica, de rostro complaciente, me muestra la "noz de Yarina", la senilla prodigiosa de uma palmera amazónica. El marfil vegetal, con su ritmo y susonido de lo profundo del ser, !?qué mejor imagen para definir al brasileiro?!. Ese encuentro de líquidos-saberes infinitos aportados por los pueblos amerindios representado en la savia que recorre el tronco y la ritmática africana que columpia sus ramas--, en los grandes espacios habitados por bosques inancabables que mi vista no alcanzaba a abarcas desde el cielo, con ríos que se confunden com oceános; su circulación constante, luego de entrenzarse y ser uno, por el el tronco del Gran Arbol que-quién lo duda-- es Brasil, apartando las miserias materiales, las guerras y el hambre...?habré econtrado el enigma de la voz de un Chico Mendes senbrándose en el corazón de las multitudes o la voracidad de la música cuando quena los cuerpos en la armonía del desplazamiento o los saltos enlanzados de la copeira...?

El Amazonas creó al Hombre que-así lo creo-nació en Africa, pero adquirió su dimensión de totalidad telúrica en donde hoy estamos viviendo sus hijos. Terminó por dibujarle su perfil definitivo al darle la completitud boiotípica y espiritual de los que carecía, como la palabra y la musicalidad profunda, cargada de ideas y encantos, venidos de lo profundo de esos montes sin fronteras.

Vuelvo a la nuez. Esos fluidos, concluyo, son la sustancia fundacional de la que está hecho el brasileiro, según mi modesta apreciación de recién llegado. Brasil es el resumen-en cada partícula y en el Todo-de los pueblos que habitamos América y de buena parte de su historia, la que no se ha escrito sino en las páginas del libro de la naturaleza, del que habló José Martí, y de la otra que el viento lee en las páginas escritas y los internautas, como yo, en el espacio digital. Resumen, pues, de lo mejor de la Humanidad, hecho por no sé por quien, en verdad debo esforzarme más en aveiguarlo, con el aliento creador del parto de los montes del Amazonas y la partera de sus venas abiertas, que son sus ríos profundos que nos llevaron a los caribes, primero a las costas del Norte de América del Sur y, luego, a nuestras islas dolorosas del Mar Caribe.

27/01/2012 | En Escribientes,Foto plana | Posteado por Aana Cuento, fiesta, candela

Por: José Millet

"Se regocijaron, pues, de haber llegado al país excelente, lleno de cosas sabrosas: muchas mazorcas amarillas, mazorcas blancas; mucho cacao, cacao /fino/".
Popol Vuh

Sí hubo resistencia violenta de nuestros pueblos originarios frente a la conquista europea

La historia contada por los propios conquistadores nos proporciona documentos y elementos de juicio para saber de buena tinta que la invasión y luego la conquista de los europeos no transcurrió como lo han contado los libros de texto en las escuelas. La resistencia de los pueblos originarios de Nuestra América, mal denominados "indios", se expresó desde el principio con violencia de puños, cuerpos, flechas, lanzas y macanas frente a un enemigo que les opuso arcabuces, caballos, perros amaestrados en despedazar gente, armaduras, espadas y dominio del arte de la guerra de larga data.

Desde el inicio hasta 1795 y mucho después, la población aborigen se opuso usando sus armas al proceso del intento de sometimiento físico mediante el empleo del poder, desproporcionadamente superior, no sólo de sus armas de fuego, sino por el engaño y las más desalmadas artimañas de que se valieron los "cristianos" venidos de la Europa a reeditar en nuestras tierras Las Cruzadas, esta vez no llevadas a cabo para reconquistar la Tierra Santa y el santo sepulcro del Señor, sino para imponer en ellas el sistema capitalista que surgió para entonces "bullendo sangre y lodo por los poros", como lo manifiesta una célebre obra de economía política. En el espacio consagrado a nuestros héroes y mártires revolucionarios, figuran los nombres de bravos caciques y de guerreros invencibles, que estrenaron el arte de la guerra conocida como "guerra de guerrillas", entre los que destaca Bacoa…y también de mujeres de tanta estatura o más valor, como el de Judibana.

En el reverso de esa moneda falsa que nos han vendido muchos historiadores, intelectuales y aun escritores, todos del lado de los conquistadores, debemos colocar la otra cara: la de las luchas incansables de nuestros pueblos contra el intento de dominio de los representantes de los Imperios español, británico, francés, portugués, holandés…que se disputaron el control de las riquezas, recursos y población de nuestro continente. El primer y principal legado patrimonial aportado por los aborígenes fue su sangre, regada en la defensa de los espacios sagrados encima de los cual fue derramada y la idea de que los pueblos pueden ser destruidos por el poder de sus opresores, mas nunca vencidos. Muy a menudo, maliciosamente, suele pasarse por alto que, en la historia de la lucha por la redención de la Humanidad, hubo prisioneros o avasallados que nunca se doblegaron ni pudieron ser reducidos a la esclavitud por sus opresores, aun sometiéndolos a los métodos más horrendos, detrás de las rejas de inmundas cárceles donde murieron o aherrojados a la gleba, en condiciones de explotación y condiciones materiales inhumanas. A la idea de la libertad no la aplasta ni los ejércitos mejor equipados, las armas más sofisticadas ni las argucias y métodos del opresor más astutas u horrendos: la idea de la libertad y la independencia constituye el legado patrimonial más preciado que nos legaron, con sus luchas de diverso tipo e innúmeras estrategias de resistencia, los pueblos originarios de Nuestra América.

La libertad e independencia la materializaron estos "guerrilleros rojos"—aludimos al color cobrizo de la piel del "indio"—al desarrollar el cimarronaje en sus diversas modalidades, marítima, fluvial o sencillamente instalándose en las áreas más inaccesibles del monte, donde construyeron los palenques, luego quilombos, a los que se incorporarían luego los negros africanos que huyeron de las plantaciones de caña de azúcar, café, algodón, etc. con quienes convivieron, lucharon y en sociedades de hombres libres. Allí se recuperó la poderosa identidad que descansaba en un modo de vida firmemente afincado, como raíz, en lo más profundo de la Madre Tierra. Las Turas, es el ejemplo más elocuente de ese estadio de la evolución del hombre en que convivía en armonía con plantas y animales, en un modelo de respeto absoluto de la Naturaleza, que le prodigaba sus frutos en correspondencia al trabajo de las manos aplicadas al medio de trabajo en colectivos solidarios, sin que mediara el bendito dinero ni las relaciones comerciales que acaban por destruir los valores esenciales del ser humano. Esta tradición anclada en el culto a los ancestros, sanguíneos o no, a los espíritus diversos que moran en árboles y animales, es única y, por ello, he escrito que constituye una página viva del libro que intentaron quemar los conquistadores: el de la historia del Hombre. En la región falconiana, y en el Estado Lara, tenemos la alegría y el orgullo de contar con poblaciones descendientes de los pueblos originarios que la han preservado, mantenido en estado de pureza y aun transmitido a las nuevas generaciones y que ofrecen un hábitat y ecología humana parecidos a aquellos existentes en tiempos remotos que el capitalismo se empeñó en destruir. Aquí están los elementos fundamentales que, en condición de símbolo de la resistencia de Amerindia, lo demuestran: la Mama tierra y sistemas productivos autosustentables, como el conuco, las plantas y animales, que resumimos en el maíz, del que nació el Hombre, que ese es el verdadero significado de Las Turas, y las expresiones del medicina no química, tradicional, verde, y del resto de las manifestaciones de la cultura entendida como manantial de diversidad que fluye de ese río inagotable que es el Hombre.

Aquí están firmemente atados en un espacio humano los símbolos de esa parte de la historia excluida de los libros de texto escolares; la otra cara de la moneda: el rostro de los hijos humildes del monte y de la tierra donde siembran, cultivan y cosechan frutos de los que viven alejados de los infames supermarket imperialistas; sus maracas, flautas de carrizo y cráneos de ciervos o matacanes que le sirven de "medios" para ofrendarles a las fuerzas invisibles que le han permitido sobrevivir y vivir dignamente a pesar de los infortunios dejados en el pasado al que no ya no volverán…Las Turas, esa página salvada del fuego de la inquisición entendida como poder del mal capaz de imponer una cultura foránea y hacer desaparecer la nativa, gracias al ingenio, la voluntad y el trabajo sostenido, en fin, gracias a los poderes creadores del pueblo, está resumida en esta comunidad de obreros agrícolas, conuqueros, humildes personas que despliegan en sus casas de barro numerosas artes que ofrecen al visitante; por todo ello, he propuesto, desde el primer encuentro con ellas tenido en Moroturo y ahorita durante esta larga estancia en Coro y Falcón, que Las Turas deben ser incluidas en la lista de Patrimonio de la Humanidad de la UNESCO.

Conuco
El conuco es voz arawac o arahuaco que designa la porción de tierra donde se sembraban especies vegetales para el consumo humano, principalmente de la yuca, usando sistemas de riego y abono y de otras especies, como el maíz, el tabaco, el cacahuete o maní, el algodón, la piña, la batata o boniato y la pimienta. Este sistema de producción agrícola primaria, basado en el trabajo colectivo y solidario humano, constituye la principal forma de la resistencia aportada por los pueblos originarios de Nuestra América, frente a las diferentes formas de producción material basadas en la explotación del trabajo humano del capitalismo, impuesto por los colonizadores europeos y sus modernos émulos de Norteamérica. Pese a que se encuentra en situación de extinción en el continente, se ha mantenido hasta el presente en situación de precariedad, pero adaptándose a las circunstancias mediante diversos tipos de estrategias de resistencia.

Trapiche
Trapiche es una palabra del latín cuyo significado es "piedra de molino" y se emplea para designar la tecnología popular empleada para extraer el jugo de

algunas especies vegetales mediante su trituración artesanal. En otros países se refería al procesamiento de especies para producir el aceite, como el de la aceituna, pero en nuestro medio se refiere especialmente a la elaboración artesanal de la caña de azúcar para obtener de ella jugos que, luego de ser procesados, dan paso a las famosas panelas o bizcochos de forma prismática o conos truncados con que se presentada el azúcar.

Yuca

Yuca es una palabra de origen taíno que denomina una planta de la familia Liliáceas, oriunda de la América tropical que ha sido vital en la estrategia de seguridad alimentaria de los pueblos originarios, sus descendientes mestizos y las actuales poblaciones de Nuestra América. Era habitual alimentarse con la harina obtenida por el procesamiento artesanal de su gruesa raíz, usando rudimentarios instrumentos de trabajo, en ocasiones consistentes en simples piedras adaptadas toscamente e ingerida en forma de tortas tostadas (casabe) también en rústicos hornos de piedra. En algunos países como Nicaragua y Cuba, se come en una variedad enorme de platos simplemente con su cocción en agua. La sociedad de consumo ha hecho que este importante alimento quede relegado a extremos en que parece desaparecer, desplazado por la comida de chatarra que se consigue en una red infinita de establecimientos comerciales dislocados en cada país.

Tabaco

Tabaco es vocablo *taíno*, derivado del *guaraní* –aunque hay escritores que le atribuyen un origen árabe clásico *tub[b]baq*– que denomina una planta de la familia de la Solanáceas, originaria de Nuestra América y, por extensión, a a sus hojas, de olor fuerte y narcótico. Sus hojas, curadas y preparadas, tienen diversos usos, que van desde el consumo como un similar alimenticio, el medicinal, el espiritual o el consumo del humo producido por su combustión en forma de tabaco torcido o de cigarrillos, que es como se le conoce a nivel mundial. Justo en el instante del "descubrimiento" de América, los conquistadores españoles dejaron el testimonio de su absorción por la nariz por parte de los habitantes del Nuevo Mundo y su uso pronto se extendió a un abanico notable de actividades, como a su masticación, ingestión directa, bebida, ungüento, gotas oculares y en lavativas. A los guerreros se les soplaba en el rostro poco antes del combate, se esparcía en los campos antes de la siembra, se ofrendaba a los espíritus y dioses e incluso se le derramaba encima del cuerpo de las mujeres antes de inicio el acto sexual. En Venezuela se uso en las prácticas de sanación, de chamanismo o simplemente en actividades mágico-religiosas, ha alcanzado tanta extensión y arraigo que me atrevería a decir que este país ocupa el primer lugar a nivel mundial, según observaciones de campo, estudios y mediciones sociológicas hechas en el país a lo largo de más de tres lustros de estudios etno-culturales.

Maíz

Maíz (Zea mays) es palabra taína que designa tanto a la planta anual de la familia Gramíneas, originaria de América, como al grano que ella produce, de amplio espectro para el consumo como alimento de lo seres humanos, al punto que instituirse como el cereal principal de la dieta del venezolano. Sirve asimismo para alimentar otras especies del reino animal. Puede leerse en textos de la mitología amerindia que el maíz constituyó el núcleo de donde nació el hombre, por lo que es exacto que se le considere una planta sagrada, a la que debe incorporarse el valor agregado de que constituye el aporte de los pueblos de Nuestra América a la dieta alimentaria de la Humanidad. Como puede comprobarse en el complejo mágico-religioso de Las Turas, en comunidades de los actuales Estados de Lara y Falcón se le emplea en forma de chicha como una de las ofrendas principales con se honran los espíritus tanto de las personas fallecidas en una familia turera como a los que moran en la Naturaleza y que propician las buenas cosechas. Además de la diversidad considerable de géneros de esta planta, constituye un elemento básico en la estrategia de la seguridad alimentaria aportada por los pueblos originarios del continente en razón de las tantas bondades y atributos de esta gramínea: el corto tiempo para su reproducción y cosecha, su capacidad productiva y la facultad de poderse guardar largo tiempo sin sufrir mengua en sus cualidades orgánicas.

Cocui

Cocui o cocuy es palabra que denomina a una planta de la familia de las Amarilidáceas que crece en los cerros áridos y pedregosos de la región comprendida entre los Estados Lara y Falcón, donde también sirve para nombrar uno de los subproductos obtenidos mediante su elaboración artesanal, siguiendo saberes, conocimientos y tecnologías que evidencian las pautas y aportes sustantivos de los pueblos originarios de Nuestra América: al célebre cocuy, bebida de amplio consumo por nuestro pueblo. En efecto, el rizoma del agave o tallo subterráneo, que algunos llaman piña, es sometido a un complejo proceso de elaboración consistente en su asado, exprimido, fermentado y destilado que prodiga alcoholes de alto grado. Lisandro Alvarado, erróneamente, lo identifica con el licor que en México llaman mezcal, pero el cocuy no es licor ni mucho menos aguardiente. Pero esta especie facilita un abanico de usos que van desde la medicina verde, su empleo en los preparativos de los vientres ingrávidos, el acto del alumbramiento de un bebé y la preparación de una persona recién fallecida... Para mí, por ese simbolismo del agave cocuy que va del nacimiento a la muerte, esta planta es un tótem, es decir, un elemento que identifica colectivamente a un grupo humano y lo distingue de otros grupos.

Cocuiza

Palabra con que se denomina una planta de la familia de las Amarilidáceas de cuyas hojas, parecidas a las del agave, se extrae una fibra textil de igual nombre, que constituye un bien empleado con diversos fines utilitarios. A su zumo se le atribuyen propiedades para aliviar los dolores y estimular la circulación sanguínea. Su producción en forma de manufacturas está muy extendida en el país. Así, con esas fibras se tejen manualmente numerosos objetos, como calzados, chinchorros, muñecos, etc.

La habitación humana: casa de vivienda y construcciones auxiliares
Bahareque

Bahareque o bajareque es una palabra taína que designa una casa de vivienda con paredes de palos; pero, en sentido más amplio, observamos que el elemento que mejor caracteriza esta habitación es el barro, usado en los muros en una armazón de palos y cañas a la que se le embute dicho material previamente preparado. Originalmente, este tipo de habitación se le ubicaba en las áreas rurales y actualmente está distribuida a lo largo de toda la geografía física del actual Estado Falcón, incluidas áreas cercanas a ríos y mares. Por el empleo de los recursos naturales que no es necesario comprar en ninguna ferretería ni supermarket, es ejemplo elocuente de la adaptación del hombre a las condiciones materiales que rodearon su existencia: todos ellos pueden ser obtenidos usando en un mínimo de empleo de trabajo físico y empleados en laq edificación sólo usando el ingenio y la cooperación de la familia o de los vecinos de cualquier asentamiento humano. Sin embargo, debe ser tomada como uno de los aportes más significativos de la aplicación de los saberes más remotos y del desarrollo del poder creador nativo simbolizado en estas tecnologías de alta complejidad y armonía con el medioambiente.

Hamaca

Hamaca es voz que designa una reda alargada y relativamente ancha, tejida a mano con materiales naturales como la cocuiza, con cuerdas atadas en los extremos, las que permiten mantenerla en alto entre dos árboles, palos o estacas y que, principalmente, es usada para dormir o descansar. También sirve como medio de transporte conducida por dos o más hombres que pueden trasladar a una persona quebrantada o con limitaciones motoras o también a un muerto en medio de áreas accidentadas o de difícil acceso. A menudo no se toma en cuenta que sirve simplemente para columpiarse y puede ser tomada como uno de los juguetes más apetecidos por los niños. El modernismo ha dado pie a que se hagan hamacas de lona y de otros tejidos resistentes y, en Cuba, es común construirla con tela gruesa, lonilla o tela de saco de yute. Esta cama volante es un modelo del ingenio del hombre de estas tierras americanas a las condiciones del trópico, donde no se aconseja el lecho estilo europeo o gringo…además que es recurso de defensa ante la posibilidad de acceso de animales feroces. He observado casas de vivienda donde hay puras hamacas para los miembros de una familia nuclear numerosa, por lo que no es difícil deducir que se puede prescindir de las horrendas camas euro-occidentales. Nosotros los africanos preferimos la estera de paja y el contacto directo con la tierra. Pero es un decir.

El hombre económico y su espiritualidad

LasTuras

Muchos de los vecinos de las comunidades tureras asocian la palabra turas con la mazorca de maíz, con granos en la espiga o aun a las especies de "flautas" de caña de carrizo con que acompañan sus ceremonias mágico-religiosas. Sin menospreciarla, tal afirmación oculta el fondo de pensamiento simbólico que la voz turas abarca: se refiere al nacimiento del hombre de la mazorca de maíz y a un estado primigenio en el planeta que es representado periódicamente en ocasión del paso de las estaciones en que se propiciará las dos actividades económicas de las que dependía su existencia: la siembra o la caza, mediante la invocación de los espíritus que moran en la Naturaleza o se les agradecerá su intervención mediante diversos actos, entre los que destaca la devolución de las ofrendas de frutos y el compartir de la chicha entre todos los miembros de la comunidad, incluidos los fallecidos. Este último acto, reafirmará el valor de la identidad comunitaria al mantener la estabilidad de sus miembros al impedir el debilitamiento a partir de las pérdidas físicas y su integración a nivel del grupo humano en que conviven vivos y muertos. El maíz, su reproducción y el fruto mismo de esta planta, siguen reafirmando la idea de que espíritu y materia siguen manteniéndose unidos y firmemente anclados en la cosmovisión de los pueblos originarios enraizados en la Pachamama.

Se reconoce el conuco como fuente histórica de la biodiversidad agraria .El ejecutivo nacional promoverá, en aquellas áreas desarrolladas por conuqueros ,la investigación y la difusión de las técnicas ancestrales de cultivos , el control ecológico de plagas,y las técnicas de preservación y conservación de los suelos .

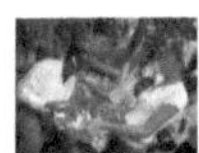
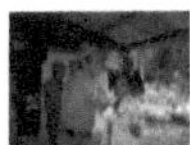

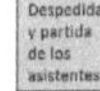

noche

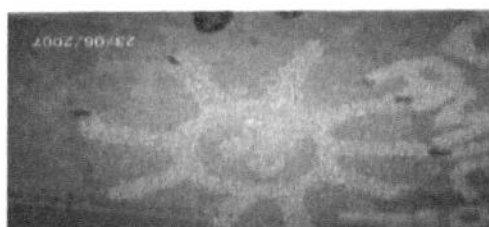

Amodio el (1991) define al conuco como pequeñas extensiones de tierra, cultivadas por un periodo limitado de años y trasladados periódicamente para no agotar los nutrientes del suelo.

El conuco sigue siendo la actividad de subsistencia principal, aunque algunas comunidades la han abandonado por completo.

Tomado de Asociación Caribeña de Estudios del Caribe

Sistemas productivos agrícolas tradicionales en Venezuela: el conuco y el trapiche en el Estado Falcón.

"Se regocijaron, pues, de haber llegado al país excelente, lleno de cosas sabrosas: muchas mazorcas amarillas, mazorcas blancas; mucho cacao, cacao /fino/". **Popol Vuh**

Por José Millet y Oscar Lázaro*

A fuerza de repetición, la cultura ha llegado a ser entendida como espacio exclusivo de la vida espiritual del hombre. La estrechez de un enfoque dicotómico con que se la tratado desde hace mucho tiempo—formado por las categorías excluyentes de materia y espíritu-- impidé colocar an él en primer plano el sujeto que integra dentro de sí a ambos elementos: al ser humano. Siguiendo tal pauta fallida, menos podrá verse al hombre como ser productivo u *homo faber*, es decir, como fabricador de medios de trabajo; de ahí se sigue que, en tal concepto de cultura, se deje fuera también la producción material, sin cuyos resultados resultaría imposible explicarnos cómo nacen, crecen y alcanzan determinado desarrollo muchas expresiones propias del patrimonio intangible. Incluiremos, pues, en ella la multiplicidad de procesos productivos—tangibles e intangibles--, los medios de trabajo y el trabajo mismo en su variedad, como medio de transformación de la realidad social y de la propia criatura humana.

En el largo proceso de "maduración" del concepto del **Atlas Etnográfico Cultural del Estado Falcón**, en cuya producción nos encontramos inmersos desde nuestro Centro de Investigaciones Socioculturales, hemos ido privilegiando la vida social que tiene como escenario principal el campo, el que un torcimiento del "proceso civilizatorio" ha hecho que haya sido abandonado desde el punto de vista poblacional, con las consecuencias negativas que se derivan de este error, que padecemos hoy y que se multiplicarán en un factor exponencial muy elevado en un futuro mediato si no hacemos reajustes y le ponemos definitivo remedio. En nuestra región falconiana, tenemos el privilegio de contar con una amplia diversidad en cuanto a formas y exponentes característicos de la vida social en estrecha vinculación con la Naturaleza y a la Madre Tierra, bien sea la que tiene lugar cercana al mar o a la campiña: en cuanto al primero, la pesca artesanal es un ejemplo de ello y algunos sistemas tradicionales de producción agrícola que vamos a comentar a continuación serían, asimismo, otros de los paradigmas dignos de que sean consecuentemente estudiados para una propuesta de tratamiento riguroso, como el del estudio, la rehabilitación y reacomodo, de acuerdo con las actuales condiciones que rodean nuestra existencia.

En lo que respecta a manifestaciones de los procesos productivos de las comunidades agrícolas, nuestras investigaciones de campo se han concentrado en la Parroquia Curimagua, del municipio serrano Petit, en razón de los recursos disponibles y porque allí disponemos de familias que nos han brindado su apoyo logístico para poderlas llevar adelante. Asimismo, entre otras razones no menos importantes, este ha sido el escenario núcleo de la iniciativa de la recuperación de modos de producción tradicionales a partir de la gente organizada mediante los Concejos Comunales, como el sistema de intercambio simple de productos y bienes denominado *Trueque*, ya reconocido a nivel nacional como una de las más significativas de cuantas se hayan emprendido en esta dirección apuntada.

El conuco.

El sabio Lisandro Alvarado fue quien mejor identificó la procedencia de numerosas palabras vernáculas, muchas de las cuales han pasado al lenguaje hablado corrientemente por el venezolano. Su infatigable trabajo de investigación de campo lo llevó a acopiarlas y verificarlas una y otra vez, hasta extraer un juicio personal con un alto grado de fundamentos lexicográficos. En su libro **Glosario de voces indígenas de Venezuela**** reconoce a **conuco** como una voz de origen taíno que designa una porción de tierra de labranza y no, como afirma Humboldt, "una cabaña cercada de tierras cultivadas", porque es tomar la parte por el todo. Los taínos pertenecían a la familia de los arahuacos, del que se afirma estar sometido al dominio de los caribes y procedían de América del Sur, principalmente de Venezuela y Guyana, desde donde se habían expandido por el arco antillano hasta asentarse al este de Puerto Rico, y en los territorios comprendidos entre Haití, Cuba y Jamaica. Practicaban la caza-- como la de pequeños lagartos roedores llamados *iguanas,* algunas variedades de pájaros y serpientes-- y la pesca, con anzuelos, redes y veneno. Pero su actividad económica principal era la Agricultura que descansaba en el *conuco,* porción de terreno donde sembraban, fundamentalmente, especies vegetales, como la yuca o mandioca—tanto la dulce como la amarga—con el empleo de sistemas de riego y abono, así como otras variedades de cultivos, como las del maíz, el tabaco, el cacahuete o maní, el algodón, la piña, la batata o boniato y la pimienta.

De la yuca obtenían una especie de harina con la que elaboraban el *casabe,* torta circular tostada al sol que constituía parte principal de su dieta cotidiana y aun es elaborada en Venezuela, República Dominicana y extremo oriental de Cuba. Asimismo, mediante la fermentación de la mandioca obtenían una bebida embriagadora que denominaban *uicú* o *cusubí.*

En efecto, al conuco lo vemos como un sistema de producción agrícola de base indígena, el cual está reclamando, desde hace bastante tiempo, un estudio riguroso, interés que con las presentes líneas intentamos espolear. Se afirma que era una pequeña porción de tierra destinada al cultivo por parte de la población aborigen que encontraron los europeos al pisar por primera vez las islas del Caribe. Ahora bien, este sistema de producción primaria destinada al autoconsumo, ¿qué cambios experimentó al, drástica o gradualmente, según haya sido el caso, disminuir o casi desaparecer la población nativa y dar paso a la entrada de los africanos, en condición de mano de obra esclava, siguiendo imperativos del sistema económico-social capitalista?

Como veremos a continuación, el conuco siguió teniendo parecida característica de lote de tierra de pequeño tamaño, que primero los esclavistas europeos—y luego, junto a éstos, los criollos-- asignaban a los africanos sometidos a la condición de siervos en el horrendo sistema de plantaciones que introdujeron en el Caribe, con objeto de palear sus precarias condiciones de vida mediante una exigua producción destinada al autoconsumo. Parte del contenido de ambas acepciones parece haberse reflejado en la vigésimo segunda edición de la RAE al afirmar que, en Cuba, República Dominicana y Venezuela, en esa parcela se cultivan frutos menores en condiciones de precariedad en cuanto al regadío y al cultivo.

Este sistema original parece haber perdurado en los tiempos iniciales de la Conquista y la Colonización, pero cuando ésta avanzó y fue necesaria la introducción de mano de obra esclava, sufrió algunas modificaciones resultantes del uso que hicieron del mismo los seres humanos que se aplicaron en ello. Nos estamos refiriendo a la época en que fue impuesto el mencionado sistema de la plantación, que se extendería muy pronto por toda la región, del Caribe insular a Centro y Suramérica, incluyendo a Brasil. Entonces el conuco empezó a designar una porción de tierra , ubicada en espacios en que la plantación no sembraba determinada planta—sea la caña de azúcar, el café o el algodón--, y que era destinada tanto al cultivo como a la crianza de animales por parte de los africanos esclavizados a quienes el amo o dueño se la entregaba.

El adjetivo **conuquero** en primer lugar designa a la persona que labra el conuco, viva o no en él y a algunos de los objetos que emplea para trabajar en esta porción de tierra, como el "machete conuquero, afilado hasta la rabisa." No sorprende que al mismo tiempo la acepción de este calificativo abarque un campo semántico que va más allá de lo estrictamente humano. En efecto, como bien apunta Alvarado, incluye a los animales con la costumbre de merodear los plantíos cercados, como las reses y los loros conuqueros. Más adelante, aportaremos una nueva figura—en este caso animal-- que se ubica en el cuadro actual de los que es el sistema de producción conuquera en la sierra coriana.

Vamos a esforzarnos por intentar reconstruir su evolución, pero "por ahora" nos ha sido dable proporcionar la visión de algunos productores conuqueros acerca de en qué consistía y cómo funcionaba este sistema de producción agrícola en un pasado relativamente reciente, qué situación presenta en la actualidad y cómo algunos de ellos ven su proyección en un futuro a mediano plazo.

Hilario Lois es un conuquero con características muy especiales por haber destinado gran parte de su conuco a la producción de bienes destinados a la curación ecológica o de Medicina Verde y adquirido una excelente reputación por sus cuidados medio ambientalistas y como beneficiador de la salud humana basándose en sus productos naturalistas. Ubicándolas alrededor de su parcela de tierra productiva, ha construido varias confortables cabañas con fines de turismo rural, lo cual no le ha impedido que, mismo tiempo, en su conuco se cultiven especies de "verduras", como el apio, el ñame, el ariguaje o genaje (bastón largo…) y la auyama. También en él se producen muchos tipos de "granos", como la caraota, el quinchoncho y el "frijol colorao"; árboles frutales, como la naranja, el aguacate; otros tipos de vegetales, como el maíz, el café y la caña de azúcar.

Según este mismo productor agrícola, actualmente se cultivan la mandarina, el cambur y los árboles maderables para obtener madera con destino al uso doméstico o familiar.

Afirma que antiguamente era casi obligado tener un huerto especial, donde se cultivaban plantas medicinales y aromáticas. Se criaban animales, como gallinas, marranos y cabras, atados con un mecate o encerrados en un chiquero; además, la familia se esforzaba por tener, al menos, una vaca.

Trueque.

La carestía de dinero con que comprar animales y víveres provocaba que apareciera el intercambio simple de productos agrícolas entre los propios productores del campo. Esto fue reforzado por la casi total inexistencia de un sistema de viales que llegase a los sitios de labranza para facilitar el traslado de los frutos. No había vías, pues, para ir a hacer compras a territorios en ocasiones muy distantes del campo donde trabajaba el conuquero, situación que reforzaba esta especie de "mercado interno", conocido hoy por *trueque.*

Sistema productivo agrícola venezolano: el conuco. Noticias de su evolución.

Edgar Francisco Ferrer, de 54 años, nacido el 16 de noviembre de 1954 en Guayapa, Parroquia Curimagua, siempre ha vivido en su lugar de nacimiento y es considerado por sus vecinos como uno de los trabajadores más apegados al trabajo agrícola, al punto de ser visto como un ejemplo de este tipo social lamentablemente inmerso en un proceso de debilitamiento, al que en estos momentos se le tiende a poner coto a través de diferentes acciones. Ahora está ocupado, laboralmente hablando, en la elaboración de los bio-digestores* como empleado en la Cooperativa CODETAL, pero no deja de trabajar en su conuco. Él nunca había salido de Curimagua y, gracias a su inserción en esta forma de producción social pudo visitar a Elorza y a Caracas.

Edgar siempre se ha dedicado a la siembra de la caña de azúcar destinada en la producción de panela y, en el pasado, esta siembra la hacía en los terrenos propiedad del Sr. Jesús Lázaro (-+2006) ubicados en esta misma parroquia. Aun hoy siembra caña con idéntico objetivo de carácter productivo.-

Edgar manifiesta que antes el conuco tenía unas tres hectáreas de terreno, en declive, con o sin fuente de agua cerca. Se cultivaban árboles frutales, como la naranja, y "pura caña de azúcar", para moler en el trapiche la caña era transportada en burro. El maíz, caraota, quinchoncho, yuca, cambur, y ocumo eran cultivos de primera línea.

Ciclos productivos agrícolas

El maíz se siembra una sola vez al año, entre mayo y junio, y la caraota y el quinchoncho en los mismos meses.

El cambur se siembra todo el año, pero siempre en menguante. Esta planta siempre pare al año de sembrada.

En el patio de la casa del conuquero había cochinos amarrados, más no en corrales, las gallinas si las tenían encerradas en gallineros. El tenía más de 7 vacas. Pedro Sánchez le dijo: " si vos tenés un animal, tenés que venderlo" . Y se vendía la vaca en 200 Bs, la vaca que daba 10 litros de leche para el consumo familiar y el resto se destinaba a la venta. La leche la llevaba a la carretera en litros de vidrio para su venta.

Antes se empleaban 7 burros para cargar la producción agrícola, con especies diversas, como la propia caña y algunos cítricos, como la naranja. Resulta interesante observar la evolución del precio de venta de este utilísimo cuadrúpedo. Nuestros interlocutores de la Sierra coriana afirman que hoy un burro cuesta un millón de bolívares con aperos, 500 "al pelo", pero antes costaba 100 bolívares.

Pese al desarrollo vertiginoso del automovilismo en Venezuela, todavía este inteligente animal sigue sirviendo de medio de transporte y de carga. Hasta lo más intrincado del macizo montañoso del Estado Falcón, las vías de penetración y las infraestructuras viales han posibilitado que los vehículos automotores entren en competencia con aquellos tradicionales medios de desplazamiento y de trabajo. En laz amenas pláticas sostenidas en varias ocasiones con Edgar, dejó escapar una nota biográfica impactante, al referirse a lo sucedido a uno de sus hermanos. La voz **natieco** designa el último de los hijos nacidos en una familia y el de Edgar murió de muerte natural, pero no así su otro hermano, quien fue atropellado por un carro, cuyo chofer lo dejó tendido en la carretera provocándole su posterior fallecimiento.

El conuco: entrevista a Manuel Gómez, conuquero de la sierra de Coro, Estado Falcón.

El conuco es la fuente de vida del serrano desde ahí es que se saca la comida para la casa .El conuco en la sierra ha sido fuente de vida desde tiempos antecesores, desde antes de la independencia, incluso José Leonardo Chirino se alzó de un conuco en macanillas donde era azotado por los Españoles. Yo creo que esa fundación de los conucos la hicieron los españoles, los indios primero entonces estos los agarraron para ellos y escoñetaron a los indios se quedaron ellos matándose, entonces pusieron a los negros a que le compusieran el conuco para ellos vivir acostado en su casa; desde ahí es que se ha apropiado la cuestión del facilismo nadie quiere trabajar. El conuco es una de las cosas de la sierra que esta fracasado por la mano de obra, entonces algunos dicen que el gobierno no da crédito no se dan cuenta que hay una cantidad de sinvergüenza que quitan el dinero para comprar carro hacen malos negocio y no hacen ningún conuco

Cada quien tiene su conuco con su extensión por lo menos el conuco mío son 3 hectáreas ,37 tareas y cada tarea mide 800mts.para cultivar hay que cortar el monte con **machete, hacha p**ara trabajar con **escardilla** viene después que está el fruto sembrado para aporcar la mata osea hecharle tierra en el tronco, luego **el pico** para arrancar hierva, **la chícora** para sembrar; después viene el descosecho que es donde se necesita personal para recoger el maíz, el quinchoncho, las caraotas ,la naranja el café .

Aquí en la sierra los meses de siembra es cn la primavera por los meses de marzo, abril y mayo al ver el trueno decimos viene el aguacero; hasta los tiempos están cambiado ahora viene a tronar el mes de julio si sembramos es riesgosa la cosecha porque hay una ventarroná y se hecha a perder la mata, ahora en octubre se utiliza también para sembrar caraota .son muy pocos los que sienten amor al conuco, los que en verdad sienten amor por el conuco son los que han nacido y se han criado aquí en la sierra le tienen amor a la naturaleza porque la naturaleza es lo que le inspira a uno a sembrar ,pero ahorita hay mucha gente ambiciosa que no se conforma con ganarse en su conuco 50mil bolívares quiere son 50 millones y aquí para ganárselos tiene que vender media sierra y entonces que hace se va a la ciudad y se une con otro carajo y con malos negocio multiplica ese dinero.La gente le ha agarrado amor al dinero ,al capital aquí hay una cantidad de conucos perdidos la gente se ha ido para Caracas, Maracaibo ya solo vienen a disfrutar en los hoteles con lo que traen de allá, ni siquiera preguntan por la montaña que tienen que llevar un machete para hacer caminos por donde antes pasaban bueyes y yuntas de toros cargando madera para hacer trapiches.

Mi papá tenía una troja en la cocina para conservar la cosecha, secar el café ésta tenia 2 pisos abajo y arriba del fogón y con el humo en tiempo de lluvia conservaba la cosecha.

El conuco, hoy.

Actualmente en el conuco se siembra la naranja valenciana, no la naranja criolla. Antes el conuco era un aguacatal inmenso, plantación que se dice fue secada por una plaga. Pero lo cierto es que casi ya no se siembra aguacate.

Entre los árboles de madera que, actualmente, se siembran están la guama, el aguacatillo y el cedro, empleados para obtener la imprescindible sombra que protege a los cultivos menores, sobre todo al café.

El conuco y el chuco

A manera de afirmación final, el conuco debe ser explicado como un sistema de producción tradicional de la tierra en el cual hay que tomar en cuenta la manera peculiar del hombre de tratar el objeto principal de la labor productiva—o sea, la tierra--, los medios tradicionales de trabajo, los saberes asociados a aquélla e, incluso, la relación peculiar que establece el ser humano con las plantas que se cultivan en la parcela y con los animales que intervienen en este el modo de producir la tierra, así como de cuidar y consumir los bienes que se recolectan en ella. Un concepto actualizado de agricultura toma en cuenta el conjunto de los componentes o elementos anteriormente aludidos, a los que hay que añadir otros más, por supuesto, como el del conocimiento de las relaciones de los astros y otros planetas con la vida vegetativa que tiene lugar en el nuestro.

Estos son algunos de los animales que se involucran en el conuco, muchos de los cuales son depredadores natos. El picure es un roedor como de unos dos quilos de peso que come verduras. La ardita o por ardilla ataca el maíz. El conoto es un pájaro negro con cola amarilla que come naranja. El chochó es otra ave de color negro con amarillo que come frutas. Se nos afirma que el judío es un pájaro que no come nada de la cosecha del conuco sino puro añaragato, especie de "rabo de mono", que se come.

Hay un animal considerado como una de las peores plagas que depredan la cosecha del conuco. En la sierra coriana se le da el nombre de **chuco** a una especie de mono silvestre cuyo hábitat es precisamente los parajes montañosos. Advierto que esta es una mala fama carente de fundamento, según hemos podido adentrarnos en el enfoque dado por los vecinos de este eje de la geografía falconiana que hemos comenzado a estudiar. Hay compatriotas allí que han llegado a humanizarnos al chuco. Así, alguien nos manifiesta que la regla de oro de los chucos es "comer y dejar", nunca dañar toda la cosecha del conuco. La visión que se tiene de esta especie de simios es que son un "mal necesario"; no trabajan y consumen lo producido por el hombre, pero por eso no deben ser maltratados ni mucho menos se les debe matar.

Se emplean diversos procedimientos para mantener alejado a la manada de chucos del conuco, cuando ya la cosecha está próxima a ser colectada. Por ejemplo, se les ahuyenta del conuco con una tapa de zinc que cuando ventea hace un ruido que los ahuyenta igual que a los pájaros.

Sistemas productivos agrícolas venezolanos: el trapiche.

Vamos a referirnos, someramente, a una época en que la producción de la caña de azúcar empezó a hacer quebrar el conuco como sistema de producción primaria instituido por la gente más humilde que habitaba el campo venezolano. Se expandía el cultivo de esa gramínea que, lenta pero aplastantemente, terminaría por imponerse como uno de los cultivos principales de la economía agrícola venezolana de entonces. Esta puntada nos sirve para aportar un rayo de luz acerca de lo que sucedería con el conuco cuando se enfrentó al cultivo extensivo de la caña de azúcar, sobre la que se afirma que, desde La Chapa hasta Cabure, todo era "pura caña".

En nuestras investigaciones de campo, fue muy provechoso haber compartido con el testimonio personal de gente valiosa y aplicada a este sistema tradicional de producción agrícola, como el Sr. Jesús "Chucho" Lázaro Ferrer, cuyo trapiche aun está operativo. Asimismo, tuvimos la dicha de entrevistar al Sr. Juvenal Ortiz (+2008), también conuquero. Gracias a su importante información, pudimos conocer la existencia del *trapiche con toros de buey* que es aquel que emplea la fuerza animal para elaborar la caña de azúcar. En cuanto a su estructura física, este tipo de trapiche estaba conformado por 3 masas de madera de vera, 2 moledoras y un espantador de toro.

Se afirma que los bueyes iban enyugados o "en yunta" para distribuir la fuerza de arrastre o halar parejo entre ambos a fin a de imprimirle el necesario impulso a la tarea.

En cuanto a los diversos modalidades de empleo de la fuerza de trabajo, en el trapiche se trabaja en una forma que llamaban "por guardia": la primera se extiende desde las 6 de la tarde hasta las 6 de la mañana del día siguiente, con el empleo de lámparas de kerosén para iluminarse durante la noche, o en ocasiones, también eran usados los celebrados mechurrios.

Modos solidarios de trabajo agrícola.

Las precarias condiciones materiales que rodearon—durante tanto tiempo-- la existencia de la gente del campo provocaron el surgimiento de diversas modalidades del trabajo solidario: se convirtió casi en una costumbre, entre los vecinos, que alguien sembrara la caña de azúcar en su parcela personal y luego ayudara a cortar la caña sembrada por otro en el sitio de labranza de su vecino. Hasta hoy dura otra forma de este tipo de trabajo solidario cuyos orígenes se remontan a la vida comunitaria de los nativos y originales habitantes de nuestro continente: la denominada **cayapa** consiste en el trabajo realizado entre varios vecinos que se emplean en diversas tareas, algunas de la producción material, y otras asociadas a la vida doméstica, como la construcción de alguna casa de vivienda, por citar uno de los ejemplos más elocuentes.

Coro-Venezuela, diciembre 2008.-

- Lic. J. Millet obtuvo la categoría de Investigador Auxiliar y fue fundador- Jefe del Centro de Investigaciones Socioculturales del Instituto de Cultura del Estado Falcón (INCUDEF), Venezuela, y el Licenciado Oscar Lázaro, uno de sus investigadores.
- ** Alvarado, Lisandro: **Obras Completas** /Caracas/ /Fundación /La Casa de Bello /1984/

milletjb3000@gmail.com

Acerca del autor:

Del editor-autor:

Millet, José. (Holguín, Cuba, 28.01.1949). Residencia actual: Avenida Ali Primera, calle Principal, casa 29, Sector La Cruz, parroquia Los Teques, Municipio Guaicaipuro, Estado Miranda, República Bolivariana de Venezuela. Teléfonos: 0416/2168703; 0412/5960330 y (058) (Falcón: 0268)/4608164. E-mail: milletjb3000 @gmail.com//milletjb2004@ yahoo.com

Escritor, investigador, profesor universitario, crítico de arte y guionista de cine, radio y Tv. Filólogo de carrera, ha dedicado sus últimos 36 años de vida a los estudios etnográficos y sociológicos en el área de la cultura popular, especializándose en la temática de las fiestas populares y las religiones tradicionales de base africana y del espiritismo en el Caribe. Hizo estudios de Filosofía en la Universidad de La Habana y, en 1975, se graduó de Licenciado en Letras en la Universidad de Oriente, en la ciudad Santiago de Cuba. Tiene una larga experiencia como docente universitario en su país natal y en otros países. Cientos de estudios, ensayos y artículos suyos han visto la luz en prestigiosas publicaciones periódicas tanto en Cuba como en otros países y ha publicado dieciocho libros, uno de los cuales alcanzó el Premio en Ensayo José María Heredia, de la Unión Nacional de Escritores y Artistas de Cuba (UNEAC) y dos, en coautoría: El vodú en Cuba y Barrio, comparsa y carnaval santiaguero, obtuvieron premio nacional en investigación sociocultural que otorga el Ministerio de Cultura de la Mayor de las Antillas. Se desempeñó como Investigador Auxiliar en la Casa del Caribe, prestigiosa institución de la que fue uno de sus fundadores en 1982 y que ayudó, decisivamente, a categorizar como Centro de Investigaciones por parte del Ministerio de Ciencias, Tecnología y Medio ambiente de la República de Cuba. Ha obtenido varios reconocimientos en el área de la investigación científica aplicada a las ciencias sociales y humanísticas. Pertenece a varias organizaciones internacionales, como la Association of Caribbean Studies, el Grupo de Estudios Regionales del Consejo Europeo de Investigaciones sobre América Latina (CEISAL) y la Red de Instituciones e Investigadores de las religiones afroamericanas de la UNESCO, en cuya temática acaba de ser impreso en USA el libro Sacred Spaces Religious Traditions in Oriente Cuba…en coautoría con la profesora Dra. Jualynne Dodson, de la Michigan State University, aunque publicado sólo a la firma de ésta. Es miembro de la Red Nacional de escritores de Venezuela. Ha participado en eventos y hecho investigaciones de campo en Europa (tanto oriental como occidental), África, Estados Unidos, América Latina y el Caribe. Desde el 2005 se desempeña como director del Centro de Investigaciones Socioculturales del Instituto de Cultura del Estado Falcón (INCUDEF), donde publicó el libro **La Guinea, barrio afrocaribeño de Coro** y confeccionó con su equipo el **Atlas Etnográfico del Estado Falcón-Venezuela y el Caribe** (con depósito legal nro. LF-70920083382018 e ISBN: 978-980-12-3437-1), del cual es editor y cuyos primeros resultados en forma de Cuadernos de Avances pueden ser leídos. Su último libro biográfico, **Alí Primera, Padre cantor del pueblo** (2008) fue publicado en Caracas por Ediciones de la Presidencia, Palacio de Miraflores, del Ministerio del Poder Popular para la Presidencia de la República.

199